U0610306

中国青少年枕边书

ZHONGGUO QINGSHAONIAN ZUIXIANG
ZHIDAO DE SHIWAN GE WEISHENME

中国青少年最想知道的

十万个为什么

[人类社会卷]

总策划／邢 涛　　主编／龚 勋

人民武警出版社

快乐认知　享受阅读

世界儿童基金会　林喜富

　　孩子们到了上小学前后的年龄，开始接触各种各样的知识。这些知识进入他们头脑的方式和过程，会对他们今后的思维模式、审美习惯以及判断能力等方面产生决定性的影响。

　　家长在这个关键阶段应该把握好培养孩子的绝佳机会。一套优秀的少儿读物，在此时就能给家长帮上很大的忙，解决很大问题。比如这套"中国青少年枕边书"。翻开书页，你会发现这套书的整体设想既成熟又新颖：从知识结构上囊括了自然科学和人文科学的各个主要领域，让孩子在知识建构的基础阶段全面吸收有益营养；从体例设置上将严肃刻板的知识点巧妙拆解，独具创意地组合成吸引孩子主动动脑、立体思维的版面样式；针对孩子的注意力难以长时间集中的特点，这套书的每一段内容便精心设成刚好适合孩子有效阅读的科学长度，在设计上巧妙地将文字、色彩和图形结合，让孩子阅读时始终处于轻松快乐的阅读环境之中。

　　丰富有趣的知识内容、灵活新颖的学习方式，让孩子们逐渐形成良好的阅读习惯，培养开放式的思维模式，在未来社会的国际化竞争中永远领先！

全面培养 均衡发展

中国儿童教育研究所 陈勉

　　少儿时期相当于一个人"白手起家"的时候，每一分收获都无比宝贵，印象深刻。虽然后来又不断上学系统学习，成年人真正用上的知识其实很多都是少儿时期的"原始积累"。所以这一时期孩子读到的东西，必须是高质量的。

　　这套"中国青少年枕边书"着眼点在于孩子的"成长"，在编撰时较好地照顾了孩子的接受程度。知识虽是好东西，但也非越深越好，过深的内容孩子吸收不了，反而容易产生厌倦或畏惧，知识也会成为死知识，并不能对孩子的心智健康成长有所帮助。适合孩子的才是最好的。

　　这套书是一个全面、完整的综合性系列，共有三十多种，内容上既囊括了宇宙奥秘、动物世界、历史文明等百科知识，又有塑造孩子健全人格、培养孩子优良品德的中外经典故事。这些内容充分满足了孩子心智发育成长中所需要的各种养分，使孩子能够健康、均衡发展；具体材料的选取上，从历史观点到科学理论，充分利用各个领域最新的学术成果、最新的信息数据，让孩子能够紧跟世界发展的脚步。这样的少儿读物，值得让孩子认真阅读，收获一定不小。

前言

QIAN YAN

　　处于成长阶段的少年儿童们，对眼前渐渐展开的广阔世界充满了无限的好奇与探索的欲望，他们的脑海中总会冒出各种各样的奇怪问题。为此，我们精心编撰了这本《中国青少年最想知道的十万个为什么》（自然科学卷/人类社会卷），以帮助他们更好地认识这个精彩纷呈的世界。

　　本书从少年儿童感兴趣的视角出发，分别从宇宙、地球、动物、植物、人体、科学、信息科技、军事交通、历史文明、文化艺术、体育国家、营养健康12个方面，精选了他们最想知道的"为什么"，用浅显易懂的语言将复杂的科学知识娓娓道来。让少年儿童们通过阅读，知道宇宙是如何诞生的，地球是怎样形成的，为什么商品有条形码，为什么飞机会拖长尾巴……此外，本书还选配了大量精美的实物图片和有趣的卡通图片，在帮助少年儿童们更直观地学习知识的同时，提高他们的阅读兴趣。

　　真心希望本书能帮助少年儿童们消除疑惑，获得知识，更加健康、快乐地成长。

目录 MU LU

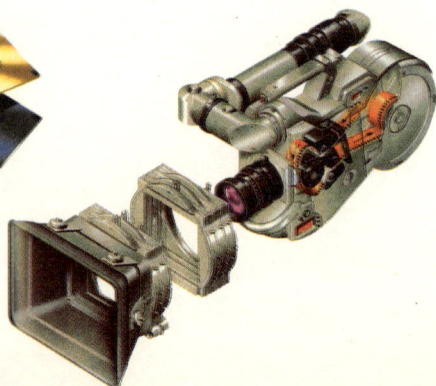

第二章　军事与交通

目录 MU LU

第三章　历史与文明

目录 MU LU

第四章 文化与艺术

目录
MU LU

第五章 体育与国家

第六章 营养与健康

第一章

STUDENTS BOOKS

信息与科技

XINXI YU KEJI

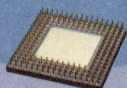

　　人类正在进入以高科技和信息化为主要特征的知识经济时代，21世纪的科学正在走近人们的日常生活，人们用有限的智慧探索着科技背后的无穷奥秘。而作为科技发展代表的计算机与网络功能的日新月异、数码技术与通信产品的迅猛更迭，更是将人类带入了崭新的生活。信息与科技为人们带来了便利，让我们的生活变得越来越好。

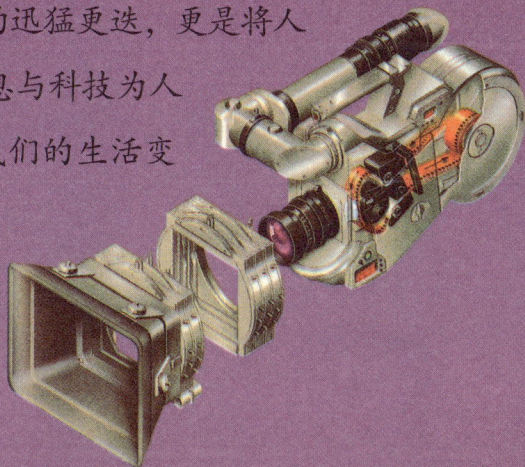

电话是怎么传递声音的？

每个电话都有话筒和听筒，并通过电话线来传递声音。当我们把话筒放在嘴边说话时，电话里面的铝线震动盘就会震动，并将声音转化成电波信号，通过电话线传到远方。到达对方电话的听筒之后，这个电波信号会再次震动电话的震动盘，并且被转化成声音，于是，对方就可以听到我们的讲话声了。

电话可以令我们的沟通畅通无阻。

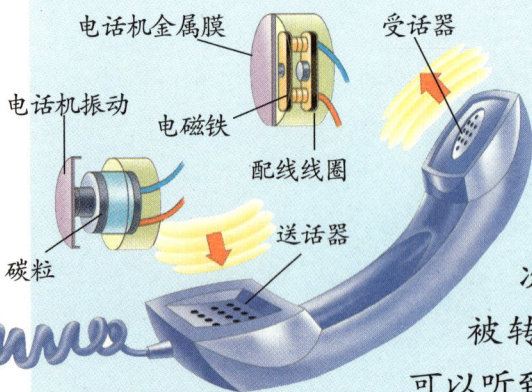

电话机金属膜
受话器
电话机振动
电磁铁
配线线圈
送话器
碳粒

电话结构示意图

为什么无绳电话可以无线通话？

无绳电话有两个部分：一个是固定机，一个是移动机。固定机和普通的电话一样，它接收到声音信号后，就会通过无线电通讯的方式发射到移动机上，这时移动机就接收到来电通知了。我们对着移动机讲话时，声音传入移动的话筒之后，又通过无线电发射到了固定机上。这样，无绳电话就可以通话了。

无绳电话

我家也安了无绳电话，可方便了！

为什么有时在接听电话时会听到电台广播声？

通常，电话机是听不到高频广播信号的。但有些老住宅的电话线架设在室外，天长日久，金属接头处开始氧化。氧化层有类似收音机二极管的作用，能接收到高频载波信号。这样，电话机和电话线上的电容，就将广播信号从高频信号上"搬卸"下来了，我们也就在电话中听到了电台的广播声。

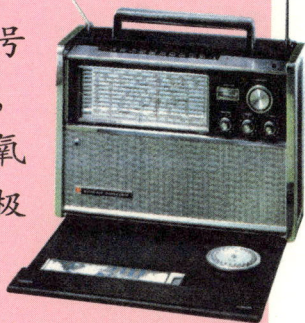

老式住宅的电话常能听到广播声。

为什么打长途电话有时会出现回声现象？

电话的声音是通过电波来传递的，速度非常迅速。由于市内电话线路传输距离很近，回声现象发生得很快，人们感觉不到回声。而在打长途电话时，由于传输距离比较远，有些还通过同步通信卫星传递，电话信号在传输过程中产生了时间差，于是，人们就会听到回声了。

打长途电话时，会有回声现象。

什么是看得见的硬件呢？

硬件是电脑系统中所使用的电子线路和物理设备，是我们可以看见的。比如中央处理器（CPU）、存储器、键盘、鼠标、显示器等设备，都是硬件家族中的成员。存储器是电脑的记忆部

键盘、鼠标、显示器等可以看到的设备都是硬件。

件。键盘和鼠标是电脑的输入设备，通过它们，我们可以向电脑下达命令。显示器是输出设备，通过它，我们可以看到操作结果。

CPU 运算器 + 控制器　总线　内存　外存　鼠标　键盘　显示器

硬件的组成

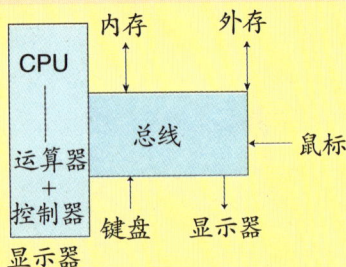

什么是看不见的软件呢？

软件是我们看不到的哦！

软件与硬件相反，是我们看不到的部分，就如同人类的思维。缺少软件的电脑就像接收不到信号的电视一样，根本无法工作。软件其实是电脑中的程序集合，一般分为系统软件和应用软件。系统软件是管理、监控和维护整个电脑的软件。应用软件是为了让电脑完成某一项工作而编写的软件。只有二者相互配合，电脑才能正常工作。

有了软件，电脑才可以正常工作。

为什么电脑能记住很多东西呢?

电脑能将文字、图像等各种数据存放在硬盘、软盘和光盘上，需要时再将它们取出来。一张1.44M的普通软盘上可以存放一部70多万字的小说。一个1G的普通光盘，容量是软盘的600多倍。有了这些存储器，电脑就能将许多东西都存储在里面，它自然就拥有超强的记忆力了。

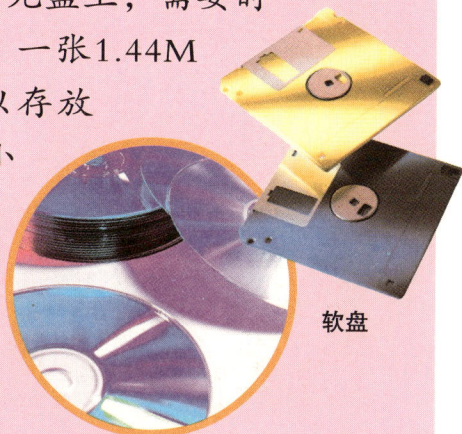

软盘

光盘

电脑会"思考"吗?

电脑会"思考"，不过它的"思考"是在科学家们的帮助下完成的。科学家将各类知识设计成一些特殊的程序，存储到电脑中。电脑用这些知识来"思考"，就可以解决许多问题了。所以说，电脑的"思考"是按照一条条指令和程序来实现的，是在人类的指挥下完成的。

电脑可以根据人的指令工作。

网络世界真是精彩纷呈啊!

什么是网络?

网络是一种信息系统,又称为"信息高速公路"。它能够将电脑一个接着一个地连在一起,让这些电脑实现相互间的交流。这样,电脑与电脑之间就可以互相传达信息了。同时,每台电脑都可以将自己的信息与资料上传到网络上,与大家共同享用。

同学们可以从网络上浏览信息。

网上的信息是从哪里来的呢?

网上的信息都是人们传送上去的。任何人都可以将信息传到网上。这其中,有一部分是网络工作人员的功劳,他们的工作就是把信息传到网上去,与大家共享。另外,任何人只要申请一个个人网页,或者登陆一个论坛,也可以自己把信息传到网上去。

大量的网络信息为人们的工作提供了便利。

网站工作人员会把许多信息刊登到专门的网站上。

为什么说用电脑可以在家上学？

　　用电脑在家中上学的方式就是通常所说的"远程教学"。用这种方式，老师在远方上课，学生用电脑在家里学习就可以了。通过这种教学方式，学生可以自己选择教学的进度，可以在网上向老师提问，可以在网上与同学们讨论交流。考试的时候，学生也可以在网上完成。

用电脑在家里学习，可以看到丰富的画面，使学习更加有趣。

为什么坐在家里就可以购物？

　　在网上，也有许多商店，陈列着琳琅满目的商品。我们只要简单地动动手指，通过链接，所有的商品就会呈现在眼前。我们选中商品以后，只要输入商品的名称、数量、通信地址、信用卡号码等，交易就完成了。几天以后，我们就可以收到商家寄来的商品。

从网上购物，使我们的生活更加轻松方便。

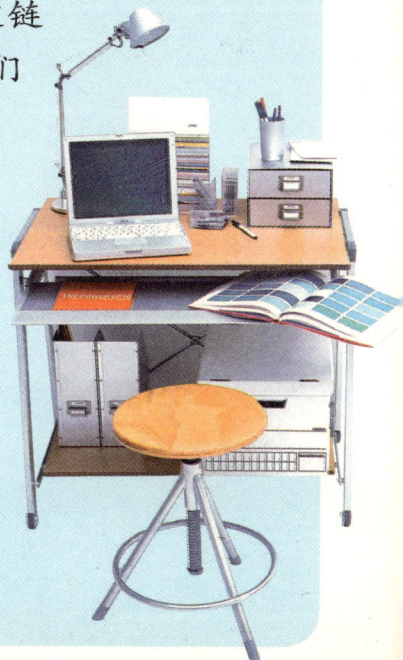

"伊妹儿"是什么呢？

"伊妹儿"指的是电子邮件。电子邮件的英文名字叫"e-mail"，"伊妹儿"是它的音译。使用"e-mail"时首先要到一个网站申请一个电子邮箱。接着，在邮箱里写好信件，发送到朋友的"伊妹儿"地址中。只要发送成功，对方在几秒钟之内就可以收到，十分方便快捷。

发送电子邮件的原理示意图

宽带是什么意思呢？

以前，同时上网的人多时，网速就会很慢。有了宽带后，这个问题就解决了。宽带上网不仅速度快而且不会发生断网的情况。同时，宽带除有普通的网页浏览、收发电子邮件等功能外，还可以传递语音、图像等许多信息。因此，在宽带上可以做许多事情，比如网上通话、在线看电影等。

宽带可以实现网络通话。

"黑客"是什么人？

"黑客"就是利用网络非法入侵他人电脑的人。他们一般都能熟练操作电脑，就像是娴熟的小偷一样用他们的技术偷偷地进入到别人的电脑里，窃取别人的资料，甚至破坏别人的电脑系统。因为他们总是隐藏起来，人们很难看到他们的真面目，所以被称为"黑客"。

电脑一旦受到"黑客"入侵，就无法正常运作了。

不要这么叫我嘛，我只是会做flash而已。

"闪客"是什么人？

"闪"是指"flash"(英文"闪光")，闪客就是指制作flash动画的高手。flash是一种动画编辑软件，它可以制作出生动的短片和小游戏，有影像有声音。闪客既擅长电脑技术，又是丹青妙手，他们把一幅幅flash的形式、画面和特征确定下来，存入电脑，就制作成了精彩的flash动画。

闪客们能够做出各种奇妙有趣的动画。

电脑也会生病吗?

电脑也是会生病的,在过度使用的情况下,电脑就会"死机"。此外,电脑一旦感染上病毒,也会生病。电脑病毒是电脑的头号杀手。碰上它们,电脑很容易丢失部分信息和图像,严重的时候,电脑中所有的信息都会被销毁。这时,电脑就必需要杀毒或是重新安装系统了。

电脑"生病"时,屏幕有时会出现一片漆黑。

电脑感染上病毒,会无法正常工作,给人们的工作和学习带来极大的不便。

使用电脑的时候一定要小心病毒哦!

电子邮件是病毒传播的重要途径。

电脑病毒是怎么传播的呢?

A 通过网页或磁盘等传播   B 通过使用者传播

这个问题的答案是A。如果在多台电脑上使用带有病毒的磁盘,那这些电脑都会被传染上病毒。此外,黑客们会将病毒放到网页上,一旦点击这个网页,电脑就会被病毒传染了。

怎样预防电脑病毒呢？

电脑病毒通过磁盘与网络传播，因而在使用移动存储设备时，首先要检查是否有病毒。上网的时候，对于邮箱里的电子邮件也要谨慎，首先检查病毒，然后阅读。浏览网页时，要点击健康的网站。如果不慎中毒，可以用杀毒软件将病毒清除。

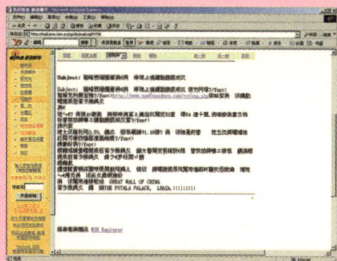

不要轻易打开陌生人发来的电子邮件。

打开网页时，要谨防病毒的入侵。

为什么"电脑医生"可以看病呢？

"电脑医生"看病的准确率达到99%以上。它之所以能够准确地为我们看病，都要归功于诊疗软件。别看诊疗软件就是一个小小的程序，但它的身体中装满了各种公式，还有名医看病的思维过程和经验。有了它，电脑就可以像名医一样做出诊断，开出处方了。

电脑可以依据人们的病情开出药方。

什么是机器人？

机器人是指代替人工作的机器。机器人可以在放射性或有毒的环境下工作，可以执行拆除炸弹这样的危险工作。大多数机器人是模仿人体某一部分的行动设计的。其中可以模仿人的全身运动的机器人叫做人形机器人。目前，大部分机器人只是在装配线上埋头苦干，但新一代机器人将从事服务业等行业。

机器人可以上天入地，帮助人类完成许多危险工作。

为什么机器人能听懂我们讲话？

科学家给机器人安装了神奇的"耳朵"。机器人的"耳朵"看起来虽然与人类的耳朵很相似，但却没有人耳那样精密和复杂。而且，真正管理机器人"耳朵"的，仍然是机器人的"头脑"——电脑。我们的话会激活机器人的电脑程序，于是，机器人就会依照我们的指令办事了。

机器人可以让我们的生活更轻松美好！

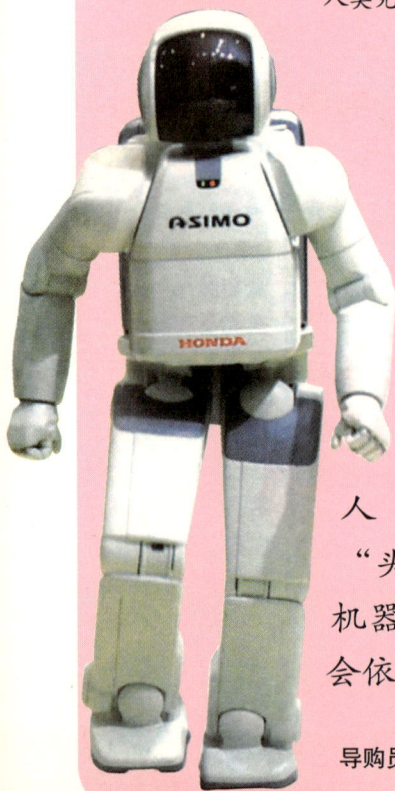

导购员机器人

为什么机器人能看见东西？

机器人也长有"眼睛"。它的"眼睛"是一台摄像机。机器人看东西时，先让摄像机把物体拍摄成图像，然后把这些图像转变成电信号，传给电脑。电脑接到这个信号，经确认以后，对图像进行识别，再次将指令传给机器人的其他部位，做出相应的反应。

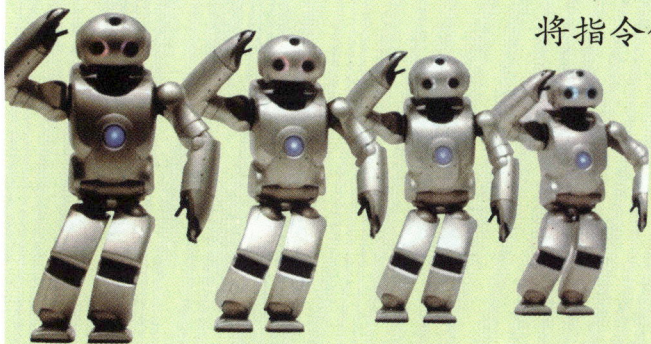

机器人能够根据"眼睛"接收到的信号，做出反应。

机器人和人相比，谁的本领大呢？

机器人可以飞出地球，考察太空；可以潜入海底，采集矿石。它们在体能方面已经远远地超过了人类。但是，机器人始终是依照人的指令在机械地完成任务，它的这些本领也都是人类赋予它们的，所以说，机器人的本领始终不会超过人类。

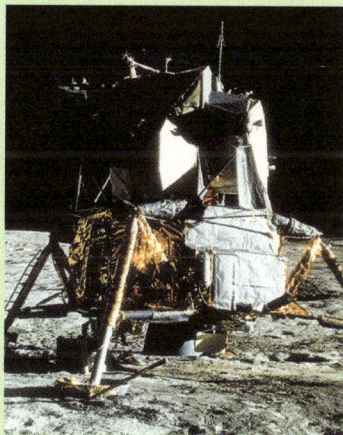

正在太空工作的机器人。

纳米机器人可以进入到人体的血管里检查疾病。

27

为什么电影里的人会说会动呢?

用摄影机拍下一张张图像,然后投射到幕布上,就成为了电影。摄影机每秒钟拍摄的图像可以达到24张,每一个小动作都会被拍下来。把这些图像连起来,电影里的人就能够活动了。电影中的声音是事先录制的,放电影时,声音和图像同时播放。这样,电影里的人就会说会唱了。

把拍摄的连续图像连起来,就是电影了。

立体电影是怎么回事呢?

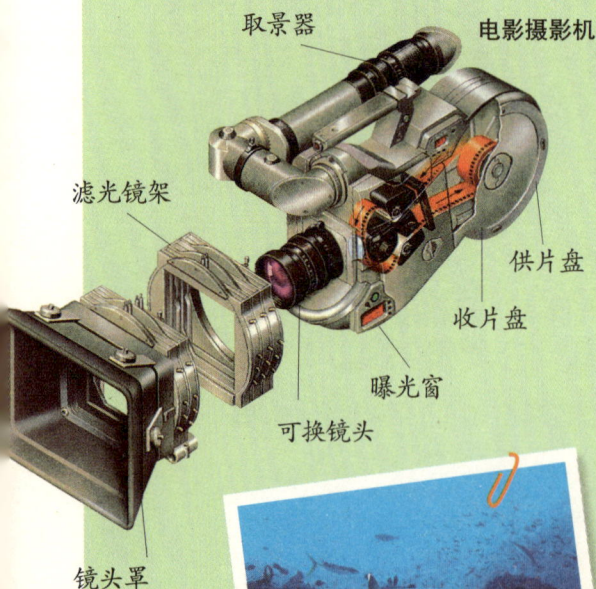

取景器

电影摄影机

滤光镜架

供片盘

收片盘

曝光窗

可换镜头

镜头罩

立体电影与普通电影一样,也是将图像投射在幕布上。但它的图像却与普通电影不同。在拍摄这些图像时,每个物体、每个动作都被拍摄了两个影像。然后把这两个影像交错一下,放映出来,我们就会感觉图像变成立体的了,而且自己好像也变成了电影中的人物。

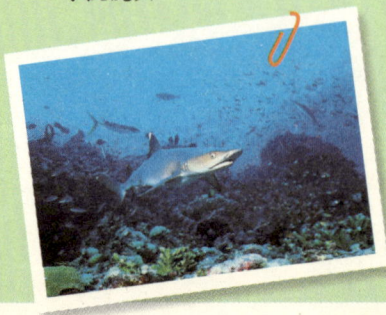

现在的电影采用了许多特技,令画面极具震撼力。

为什么小小的DVD中有那么多节目?

DVD中的节目,都是以数字变频信号的方式"居住"在DVD里的。制作过程中,人们首先将这些节目的声音和图像组成数字变频信号,再用特殊的编码技术,将这些信号进行压缩处理,并刻录在一张空白的光盘上。这样,一张可以存放很多节目的DVD就制成了。

小小的DVD中可以放好多我的照片呢!

DVD光盘

为什么收音机能选择电台?

广播电台会按照自己的频率发送无线电波。收音机的天线会接收到这些电波。当我们转动选台旋钮时,里面的可变电容器也跟着转动。电容器转到某个位置时,可与某个频率的电波所产生的微小电流相感应。这个电流经过解调电路转变为广播节目的电信号,再经过几次放大,由扬声器转变成声音,我们就能听到这个广播电台的节目了。

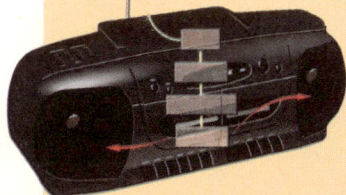

无线电收音机

为什么数码相机不使用胶卷？

有了数码相机，我们再也不必为胶卷不够而烦恼了。

数码相机的感光仪器是电子影像感测器。电子影像感测器能够直接把景物反射光线转变为数码信号，然后进行进一步的处理和存储。所以数码相机不用胶卷，而使用闪存卡。由于景物的影像已变成数码信息，因此数码相机还可以与个人电脑连接，配合使用。

什么是全息照片？

全息照片不同于普通照片，它所显示出的影象是立体的，可看到景物的各个侧面。全息照片在拍摄时会用到一台激光器，激光器发出的激光束被分光镜一分为二，照向被拍摄景物上的称物光束，照向感光胶片上的称参考光束。当物光束被物体反射后，也照到了胶片上，就制成了一张全息照片。

物光束

参考光束

右图为全息照片的拍摄过程。

为什么信用卡有 "信用"？

信用卡是一种消费信用凭证。用户办卡前，会对银行信用卡的性质、服务项目和功能等各方面进行详细的调查和了解。而银行在认证用户对信用卡的申请时，也要对申请人进行调查，符合要求后才会批准申请人的申请。有了信用卡之后，持卡者可以在规定限额内短期透支。

用信用卡可以很方便地购物。

只要一张小小的卡片，我就可以取出钱了吗？

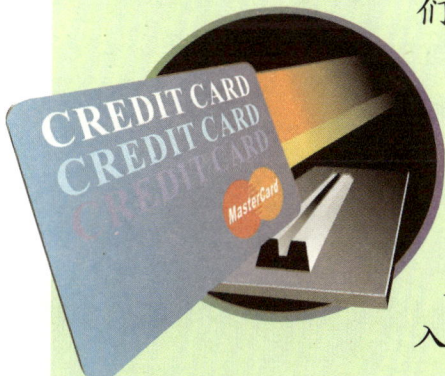

为什么从取款机中可以取到钱呢？

取款机背后有一台电脑，它是与银行的电脑连在一起的，而银行的电脑上记录了人们储蓄的信息。只要我们插入储蓄卡，输入正确的密码，取款机的电脑马上就会核对相关信息。如果账户、密码都是正确的，电脑就会按照我们输入的指令，把钱按数提取出来了。

人们用储蓄卡在存款机上取钱。

为什么商品有条形码?

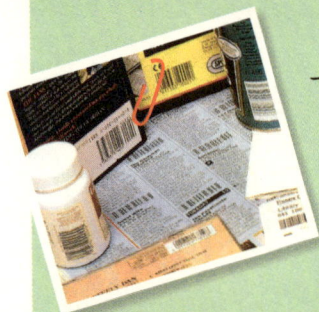

每一种商品在世界上只有唯一一个商品条形码,识别它的身份时,我们只要对条形码进行扫描,再通过电子译码器,就可以知道商品的名称、价格和质地。在超级市场里,扫一下条形码,马上就会打印出收款账单。另外,条形码经扫描后,还能将销售情况输入电脑,帮助管理人员掌握商品库存信息。

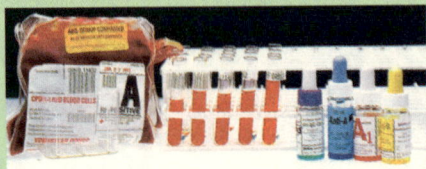

条形码中记载了商品的好多信息呢!

不同的商品有不同的条形码。

医院里待检测的血样上也有条形码。

为什么吸尘器能吸尘?

吸尘器的吸尘能力与内部和外部的压力差成正比。这个压力差是吸尘器利用电机的高速转动带动风叶组旋转,使吸尘器内部产生一个局部的真空而产生的。有了这个真空状态,吸尘器就可以利用内、外空气形成的压力差,将灰尘杂物吸入腹中了。

莫非吸尘器中也有块磁铁?

吸尘器

为什么空气清新器能
净化空气?

空气清新器是通过活性碳、高压静电及集尘装置等多级除尘装置来清化空气的。它通过电动机驱动风叶，使室内空气流动循环，同时令空气依次通过过滤网、高压静电、负离子发生器，使空气变得清新宜人，从而达到空气净化的效果。

新型空气清新器

干手器是怎样感应到人体
而自动开关的?

干手器

干手器有一个自动感应的开关。当手接近干手器的热风窗口时，由于人体也是导电体，手会对与窗口处感应板

奇怪，干手器怎么知道我来了呢?

之间的电容产生影响，使电容输出一个高位信号。信号使电机与电热丝接通，吹出热风。手离开窗口时，感应板的电容下降，电机与电热丝电源被切断，干手器就自动停止工作了。

什么是克隆技术？

1996 年，英国科学家伊恩·维尔莫特博士用一只成年羊的体细胞成功克隆出了一只小羊，这只小羊与它的父亲一模一样。这就是克隆技术，它意味着用生物身上的任何一个细胞，就可以实现生物复制。这项技术可以复制珍稀动物，挽救濒危物种，然而一旦用于人类，将可能带来严重的伦理危机。

克隆羊多利

人们通过扦插的方法培植出来的新植物，在遗传物质组成上完全相同，这种培植方法被称为植物的"克隆"。

克隆技术可以拯救大熊猫吗？

大熊猫是我国的国宝，它的数量稀少，有一些种类已经濒临灭绝。现在，我国的科学家正在研究用克隆技术来拯救它们。但是，克隆技术只能复制生命，对拯救大熊猫只能起辅助作用，而没有办法真正促进大熊猫这个物种的进化。所以，要真正拯救大熊猫还是需要改善它们的生存环境。

可爱的大熊猫

人类会克隆自己吗？

人类克隆自己的事情虽然在技术上可以实现，但却是不会发生的。因为克隆人类，就会改变现在人与人之间的伦理关系，甚至引来宗教危机和整个民族的危机，所以受到了人们的普遍抵制，各国政府也明令禁止。试想，如果出现了克隆人，妈妈分不清家中的是自己的孩子还是复制品，那是多么混乱啊！

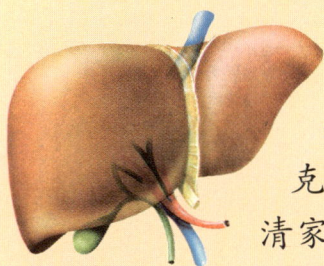

克隆人类的器官可以用于医疗，造福人类。

在这张经过数字化处理的影像中，被用于克隆实验的动物显得离奇而怪异。

试管婴儿是如何培育的呢？

没看出来吧，我可是试管中培育出的宝宝呢！

1978年，世界上的第一个试管婴儿诞生了。其实，试管婴儿在试管里的时间只有两天左右。首先，医生从妈妈体内取出卵子，放进试管，让卵子在试管里受精。这个工作结束之后，医生马上会将受精的卵子放回妈妈体内。接下来，试管婴儿和其他婴儿一样在妈妈肚子中长大，直至出生。

试管婴儿和正常出生的婴儿一样健康。

漂亮吧，这是我培育的转基因"爱心树"哦！

什么是转基因生物？

借助基因工程技术植入新基因的生物，就叫做转基因生物。转基因生物可以抵抗多种病毒、细菌和真菌的侵害，达到减少化学药品的使用、保护环境的目的。然而，转基因生物的优良基因也可能通过花粉等传给杂草，使杂草的生命力更为顽强，抢夺农作物的生长空间。

目前，科学家正努力研究如何降低转基因生物的负面影响，让其更好地造福人类。

转基因西红柿和玉米的抗病毒、抗病虫能力大大增强了。

上图为用基因工程培育西红柿的过程。

为什么从事基因工程要有预防措施？

首先，使用基因技术制造出的基因武器，会造成灾难性后果。其次，任何大肠杆菌经过基因重组，都可能成为有害菌种，对人类健康造成隐患。再次，如果把基因工程培育出来的新生物扩散到自然环境中去，就会破坏自然界原来的生态平衡。因而从事基因工程要有预防措施。

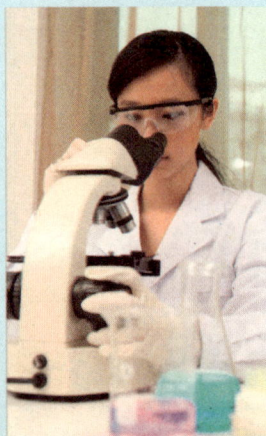

根据法律规定，科学家对基因工程的研究一定要有预防措施。

纳米技术是怎么回事呢？

纳米技术非常神奇，它可以利用肉眼看不见的原子或分子，来制造一些性能特别优良的特殊材料。而构成这些材料的颗粒物十分微小，达到了纳米级别，相当于我们头发丝直径的万分之一。用纳米技术制成的人工眼球，不仅可以像真眼球一样同步移动，还能像真眼睛一样看到精彩的世界呢！

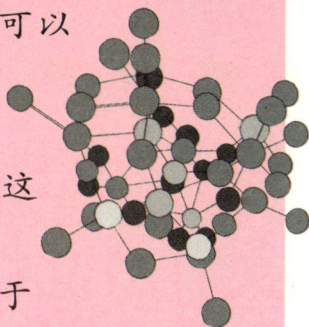

现在陶瓷中也引入了纳米技术。

什么是生物清污法？

生物清污法是指运用有机生物，清除有害的化学物质对环境造成污染的方法。清除污染最有效的生物体要数细菌、藻类和真菌等微生物了。它们可通过生化反应，将有害物质转变为良性物质，达到净化环境的目的。生物清污法减少了化学制剂的使用，是最为环保的一类清污法。

看来，生物清污法让这里的环境改善了！

可以用生物清污法对工业废水进行净化，从而达到保护环境的目的。

第二章

STUDENTS BOOKS

军事与交通

JUNSHI YU JIAOTONG

　　在硝烟弥漫的战争年代，军事装备显得尤为重要；然而在祥和安宁的和平时期，国防建设也同样不容忽视。伴随着现代科学技术的飞速发展，军事装备也越来越完备，越来越先进。与此同时，交通运输的发展速度也令人瞠目，各种先进的科技为交通注入了新鲜血液。翻开本章，我们一起去领略神奇的军事和交通世界吧！

十八般武艺指的是什么？

　　"十八般武艺"的说法开始于明代。据说当时有18种兵器，人们就把会使用这18种兵器的本领称为"十八般武艺"。这18种兵器是指刀、枪、剑、戟、斧、钺、钩、叉、镋、棍、槊、棒、鞭、铜、锤、抓、拐子、流星。其实，中国古代的兵器远不止这些，仅少林兵器谱中就有200多种兵器呢！

古时的大将都有一件成名兵器。

咦？我好像看到了一把闪闪发光的剑。

越王勾践剑

越王勾践剑为什么被称为"王者之剑"？

A 锋利异常　　**B** 帝王所用的剑

这个问题的答案是A。越王勾践剑是春秋时越王勾践使用的一把青铜剑。这把宝剑虽在地下埋藏了2500多年却并未生锈。剑刃锋利无比，轻轻一划，能割破十几层纸，一剑劈下，能将铜钱劈断。

弓和弩有什么区别？

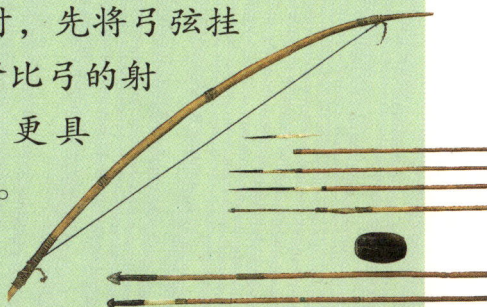

弓和弩是两种不同的弹射武器，在构造上，弓是由有弹性的弓臂和有韧性的弓弦组成的。弩则在弓的基础上加入了机械装置。操作弓时，需先用力拉开弦，然后猛然放手，借弦和弓背的弹力把箭射出去。弩在发射时，先将弓弦挂在钩上，扣动扳机将箭射出。弩比弓的射程远，更具杀伤力。

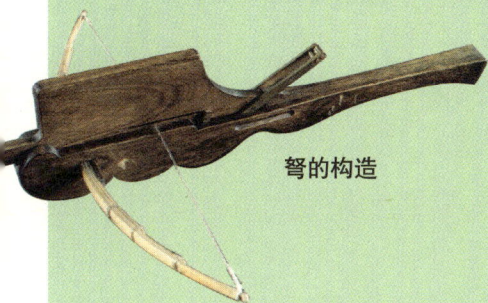

弩的构造

弓的构造

什么是神火飞鸦？

这个"神火飞鸦"可比我们神气多啦！

神火飞鸦是利用火药制成的一种兵器，它的骨架由竹篾扎成，外表糊纸，鸦腹下绑有火箭，点着以后可飞行300米远的距离，鸦腹内装填有弹药，用于点燃敌军的营帐。使用时，点燃神火飞鸦背部的火绳，引燃火箭，神火飞鸦迅速飞出，鸦腹内的火药发生爆炸，引起大火，具有相当大的威力。

根据古代兵书记载复原的神火飞鸦

什么是转轮手枪？

转轮手枪是带有转轮式弹膛的手枪。转轮上通常有5～6个弹膛，发射时转轮自动转动，逐个对正枪管发射。转轮手枪分单动式和双动式两种。使用单动式转轮手枪，先用手压倒击锤，再扣扳机击发。使用双动式转轮手枪，在手扣扳机的同时，击锤自动待击，待转轮转动到位时自动击发。

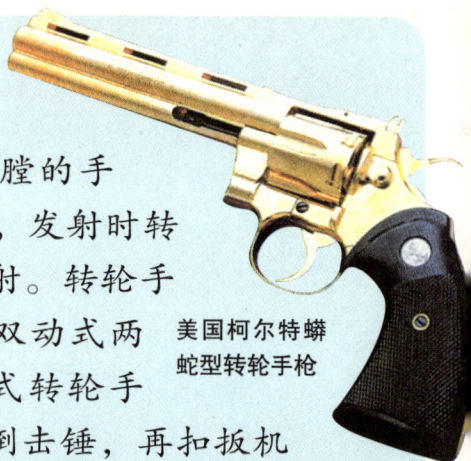

美国柯尔特蟒蛇型转轮手枪

美国DWA公司生产的转轮手枪

隐形手枪

什么是隐形手枪？

隐形手枪是把手枪形状设计成日常用品形状的手枪。它是间谍人员常用的武器，因此又叫"间谍手枪"。隐形手枪的外观与日用品一样，有钢笔、钥匙、打火机等许多种外形，可发射普通子弹、剧毒弹头等各类枪弹。为防止使用时暴露自己，有的隐形手枪还装有消音器。

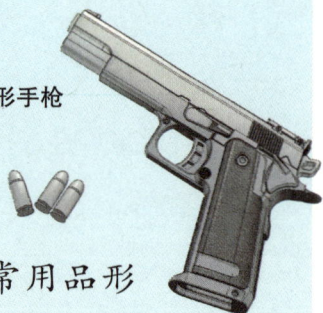

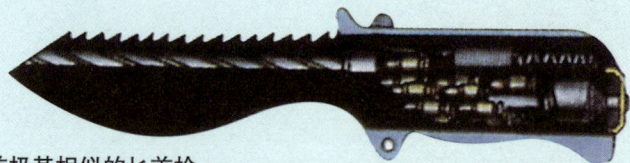

外观和匕首极其相似的匕首枪

什么是自动手枪?

自动手枪是利用火药燃气能量，实现自动装填子弹和连发的手枪。自动手枪射速一般为24～40发/分，并且采用弹匣供弹方式，最多可以装配20发子弹，弹匣多在枪把中。另外，自动手枪均有空匣待机装置，提醒使用者更换弹匣。

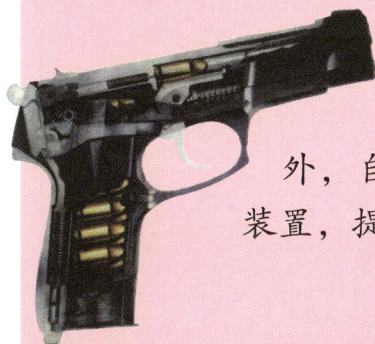

自动手枪最多可以装有20发子弹。

21世纪的武器真是太先进了!

什么是步枪?

7.62毫米狙击步枪

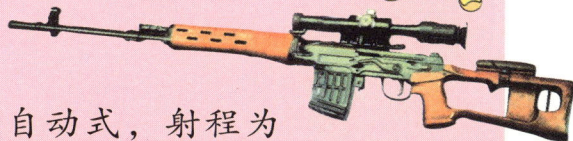

步枪是一种肩射长管枪，二战前使用的多为非自动式，射程为500～600米左右，这种枪装弹时很复杂，容易贻误战机，导致双方用枪刺和枪托拼杀。二战之后，各国大力研制全自动步枪，减轻枪重，减短枪身，并缩小口径，以增加携弹量，突击步枪就是改进后的典型。

狙击步枪及其配件

为什么坦克用履带行走？

坦克很重，如果坦克改用车轮，那么坦克与地面的接触面积就会减小，开在田野里时会很容易陷进去。坦克安上履带后，轮子在履带里滚动，遇到沙地、雪地和泥地时，宽宽的履带令受力面积增大了，把坦克的重量分散开来，坦克就会像走在公路上一样轻松。

坦克采用履带行走，就像走在铺有无限延长的轨道上一样。

前进中的坦克

为什么水陆两用坦克能在水中行驶？

为了使水陆两用坦克能在水中前进，人们用薄型钢板制作其外壳，车体设计成又轻又长的形状，前部呈船形，以增加坦克的浮力。坦克的动力则采用了多种方案。有的坦克加装了特制的可旋转履带；有的则在尾部加装螺旋桨推进器；还有的装上喷水式推进器，通过喷水获得反作用力，推动坦克在水中行驶。

我的坦克上山下水无所不能噢！

水陆两用坦克正在进行登陆作战。

为什么主战坦克比普通坦克厉害?

主战坦克有着出色的作战能力。首先,主战坦克炮口径大、射程远、射速高,因此威力很大。其次,主战坦克采用复合装甲等特种装甲,防护能力比其他任何坦克都强。它还装有先进的火控系统和完善的夜视夜瞄设备,可全天候作战。最后,主战坦克还可在核、化学、生物战争条件下使用。这些特点都是普通坦克无法比拟的。

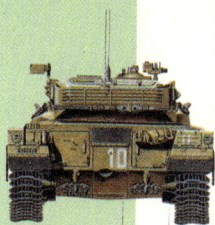

可搭载步兵的以色列"梅卡瓦"主战坦克

陆战之王——坦克

德国"豹"ⅡA5主战坦克

谁被称为"坦克之王"?

A 德国"豹"ⅡA5坦克   **B** 美国M1A1坦克

这个问题的答案是B。美国M1A1坦克内部安装了防毒设备,使得毒气无法侵袭。另外,坦克的两层装甲中间夹有一层贫铀材料,使它的防护能力比普通坦克提高了5倍,因此它被称为"坦克之王"。

什么是战斗机？

战斗机主要用于歼灭敌空中飞机和飞航式导弹。战斗机速度大，上升快，升限高，机动性好，作战火力强。它装有领航仪器等自动化电子设备，可自动搜索和攻击目标。战斗机主要可装备航空机关炮，一般悬挂在机翼或机身下方，有些战斗机外挂点多达十余个，还可挂导弹、电子干扰吊舱等。

美国P-38"闪电"型战斗机

什么是轰炸机？

轰炸机主要用于对地(水)面目标实施轰炸。轰炸机航程远、突击威力强，是航空兵实施空中突击的主要机种。轰炸机的机身上设有炸弹舱，内装挂弹架，可携带常规炸弹、核弹、鱼雷、空地导弹等，还装有航空机关炮供自卫用。歼击轰炸机是轰炸机中的重要成员，它与歼击机、强击机的差别日益缩小。因此一些国家把歼击机、强击机和歼击轰炸机统称为"战术战斗机"。

轰炸机是战争中最常见的一种飞机哦！

B-52战略轰炸机

为什么隐形飞机能隐身？

美国FAH-66"科曼奇"隐身直升机可以很好地隐身。

　　隐形飞机是专门用来对付雷达的。为了使雷达看不见，隐形飞机外形做得很奇怪。有的是扁扁的形状，将机身和机翼融为一体，不给电磁波以反射的机会。有的则是像玻璃幕墙一样。可将雷达发出的电磁波吸收或反射到他处。可见，隐形飞机的外表和所使用的材料是"隐身"的秘诀。

美国E-2预警机

为什么预警机要背个大圆盘？

　　预警飞机的背上有个大圆盘，这个大圆盘其实是雷达天线罩，里面装有监视雷达天线和敌我识别天线。当预警雷达向周围发射强大的电磁波时，碰到所有的物体都有回波反射，大圆盘能 准确判断目标是突袭的飞机还是袭击的导弹，之后便针对不同的目标，指挥己方的飞机和导弹进行拦截摧毁。

预警机背上的大圆盘就是雷达。

什么是导弹艇?

导弹艇是以舰舰导弹为主要作战武器的小型高速战斗艇。主要用于突击敌方大、中型舰船,也能胜任反潜、布雷、巡逻和警戒的任务。它吨位小,航速高,突击威力大,但耐波性较差,续航力较小,因此自卫能力较弱。导弹艇有滑行艇、半滑行艇、水翼艇和排水型艇之分。

俄罗斯"蜂王"级导弹艇

日本"隼"级导弹艇

什么是鱼雷艇?

快跑啊,敌人的鱼雷艇又在发射鱼雷啦!

鱼雷艇也称"鱼雷快艇",主要用于在近岸海区突然对敌大、中型舰船实施鱼雷攻击,也可用于反潜、布雷等,有滑行艇、半滑行艇和水翼艇三种类型。鱼雷艇上一般装备2～6枚鱼雷,有的还装备有鱼雷和火炮射击指挥系统。鱼雷艇有体积小、航速高、攻击威力大的优势,但自卫能力较弱。

意大利PT-333号鱼雷艇

MS 36

48

什么是巡洋舰?

巡洋舰是用于远洋水战的大型水面舰艇。它的航速高、武器装备火力强,在航空母舰编队中担负防空、反潜和攻击敌水面舰艇等主要任务。同时,巡洋舰还在海区和航道执行警戒巡逻和作战任务。此外巡洋舰也为己方突击兵力、运输船队或登陆部队护航。

意大利"维内托"级导弹巡洋舰

为什么航空母舰被誉为"浮动的海上机场"?

见过航空母舰吗?它可是个庞然大物呢!

航空母舰是以舰载飞机为主要武器,同时又作为舰载飞机海上活动基地的大型军舰。现代航母最长达300余米,有20多层楼那么高,可载各型飞机数十架至百余架,并装备有舰舰导弹、舰潜导弹和舰炮等武器。航空母舰可在海上供飞机降落起飞,因而被誉为"浮动的海上机场"。

美国"尼米兹"级核动力航空母舰

什么是潜艇？

潜艇能在水下作战。它的外壳十分坚固，能承受住外部海水压力。潜艇的外形呈流线型，可以减小水下阻力。潜艇的主要武器有弹道导弹、巡航导弹、鱼雷和水雷等。它的隐蔽性较好，自给力、续航力也很强，能远离基地长时间在海上独立战斗。因而成为了海战最有力的武器之一。

美国"拉斐特"级潜艇

潜艇控制室

潜艇正从水下发射导弹。

什么？在水里也能发射导弹！

为什么潜艇能在水下发射导弹？

A 导弹发射装置强劲　　**B** 导弹材质特殊

这个问题的答案是A。潜艇有强有力的导弹发射装置和高精度的导弹系统。导弹发射时，启动动力系统，使发射系统点火，火药产生的高温高压混合水蒸气，会将导弹精准地发射出去。

弹道导弹原来是弧形飞行的！

什么是弹道导弹？

弹道导弹是指在空中按弧形轨道飞行的导弹，它的外形近似于普通的炮弹和导弹，只是更大更重。一枚弹道导弹轻则几吨，重则几十吨甚至上百吨，一般配有多级火箭，以获得足够的推力。它首先在火箭发动机的推动下飞行，然后再借助惯性自由滑行。

"飞毛腿A"地对地战术弹道导弹

空对空导弹为什么被称为"空战利器"？

战斗机挂载的"响尾蛇"空对空导弹

空对空导弹是从飞机上发射，攻击空中目标的导弹，是作战飞机的主要空战武器。到目前为止，世界范围内已研制出六十多种型号的空对空导弹。空对空导弹尺寸小、反应快、射程远、机动能力强、命中精度高，可同时发射多枚导弹攻击多个目标，具有很强的自动控制攻击目标的能力，因此被称为"空中利器"。

空对空导弹

什么是生物战剂？

生物战剂是指能使人、畜致病，农作物受害的致病病毒和细菌。生物战剂的种类很多，有的战剂可以使人死亡，如伤寒杆

美国士兵进行防生物武器袭击演习。

菌、霍乱弧菌、天花病毒、黄热病毒等，病死率在10%以上，甚至达到50%~90%。大多数生物战剂具有传染性，能在人、畜中传播流行，引起巨大的灾难。

用生物战剂制成的武器非常厉害，人必须穿戴防护设备。

什么是基因武器？

这些新型武器与我的剑不同，防不胜防啊！

基因武器是生物武器的一种，它运用先进的技术，在一些致病细菌或病毒中接入能对抗普通疫苗或药物的基因，或是在一些本来不会致病的微生物体内接入致病基因，从而制成危害极大的武器。基因武器可以通过人工、飞机、导弹等方式把细菌投入到江河、城市中，让其扩散传播。

基因武器的研制

什么是化学战剂?

在军事上,凡是以毒害作用杀伤人、畜的化学物质都被称为化学战剂。战剂在使用时既可以是液滴状的,也可以是蒸气或粉末状的,还可以成为悬浮于气体中的气溶胶状,使空气、地面、水源等染毒。毒剂侵入人体后,会破坏机体正常的生理过程,引起生理功能紊乱。

全副武装的兵工厂士兵正在制造化学炮弹。

戴着防毒面具的战士

什么是次声波武器?

感觉身体好难受啊!

次声波是一种低频声波,在空气和水中分别以每小时1200千米和6千米的速度传播,可以穿透1.5米厚的混凝土。次声波武器就是利用次声波的这种特性研制出的武器。有的次声波武器可以使人精神错乱,有的可以使人浑身不适,失去战斗力。由于次声波有极强的穿透性,因而躲在防御工事中的人也不能幸免。

全副武装的士兵也难以抵挡次声波武器的攻击。

什么是智能武器？

　　智能武器能自主识别和导向目标，直接杀伤敌方有生力量，并破坏敌人的军事设施。人们已研制出了一些智能武器，如智能导弹，它能自主识别、搜索和捕捉目标；智能鱼雷不仅可以储

新型鱼雷能识别目标，更有效地完成任务。

存相关信息，还可以对其进行分析和判断，更有效地完成任务。

随着科学技术的发展，智能武器开始出现。

什么是幻觉武器？

　　幻觉武器可以在战场上生成虚拟的三维图像，从而达到战术欺骗的目的。这种武器借助激光等设备产生图像投影，能在任何表面的大气层中投射出虚幻的物体形象，如飞机、坦克等，扰乱敌人注意力。幻觉武器还可以在心理上瓦解敌军，让其放弃武器逃离战场。

使用幻觉武器的战场

核武器光辐射的威力有多大？

核爆炸的光辐射是指核爆炸的巨大能量以热能的形式释放出来，发出巨大的光和热。光辐射可以使人裸露的皮肤出现红斑，产生疼痛和肿胀的感觉。它的破坏作用是随着离爆炸中心距离的增加而逐渐递减的。由于光辐射是直线传播的，所以核爆炸时，如果直视火球，可能会造成失明。

核武器发射架

核武器会带来灾难性的影响呢，太可怕了！

核爆炸为什么会带来放射性污染？

核爆炸能够产生大量放射性物质，比如核裂变的核材料，以及受到污染的其他物质等。这些放射性物质会严重损害人和动物的机体，污染水源，具有严重而持久的破坏力。另外，爆炸产生的尘埃还会随风飘飞，把放射性物质带到更远的地方。

原子弹爆炸后，广岛一片废墟。

八卦阵中的种种变化与八卦图所体现的原理极为相似。

什么是阵法？

阵法就是作战时的队形。古时打仗非常讲究阵法，善于布阵的将帅能够通过排兵布阵来提高军队的战斗力，并找到敌军的弱点，进而准确地克敌制胜，取得最后的胜利。古时的战争多为近距离作战，排出各种队形以后，大家共同进退，便于充分发挥整体的优势。

鸳鸯阵法

为什么说 "三十六计，走为上计"？

史书记载 "……檀公三十六策，走为上计……" 檀公是指南朝宋的名将檀道济，这句话是说檀道济领兵北伐先取得很多胜利，后因粮草不足而退兵，并以巧妙的伪装躲过了敌兵的追杀。其实，"三十六计" 只是说檀道济很有办法，但这句话却以劝人碰到危险时先行躲避的含义而流传下来，为大家所熟悉。

檀道济像

这里所谓的 "走为上计" 可不是一味逃跑哦！

古代的万里长城起到了什么作用？

中国的万里长城是世界上最大的防御工程，是由秦始皇在各国原有古城墙的基础上加以巩固和延伸才成为万里长城的。长城建有垛口、瞭望口和射击口，非常便于防守。有敌人入侵，就点上狼烟，消息可以传到千里外。万里长城有效阻止了当时北方游牧民族骑兵的南下。

成吉思汗

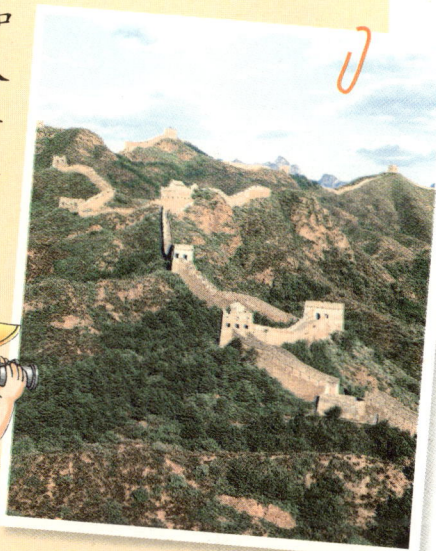

长城第一关——嘉峪关

为什么蒙古铁骑能一度称霸亚欧？

A 分工合理，战斗力强　**B** 武器先进

这个问题的答案是A。蒙古铁骑是13世纪初期，我国北方的一支强大骑兵部队。这支部队中有一半的兵士全身披戴甲胄，从事突击行动。其余的兵力则负责侦察、掩护等。蒙古铁骑曾一度称霸亚欧。

什么是"木马计"?

大约在公元前12世纪,希腊军攻打特洛伊城,但10年都没有攻下。希腊人想出一条计策,制作了一个巨大的木马,里面藏着士兵,并把木马放在特洛伊城外,然后假装退兵。特洛伊人把木马当做战利品拖进城里,深夜,木马里的希腊士兵跳了出来,与城外的军队里应外合,终于攻下了特洛伊城。

> 我们一定要攻克特洛伊城!

特洛伊木马

哪所军校被拿破仑称为"将军苗圃"?

法国圣·西尔学校是与美国西点学校、前苏联伏龙芝学校齐名的老牌军事名校。它由法国著名军事家拿破仑于1803年创办,被拿破仑称为"将军苗圃"。近两个世纪以来,这所军校为法国陆军培养了包括戴高乐在内的近6万名优秀军官和将领。

拿破仑是法国圣·西尔学校的创立者。

58

为什么凡尔登战役被称为"凡尔登绞肉机"？

一战爆发不久，德军攻打凡尔登要塞。战争中，大炮发挥了巨大的作用，同时也让双方几十万士兵变成了炮灰。战役留下的弹坑，最深处相当于地面以下10层楼的高度。凡尔登战役以德国失败告终，它使法德双方都伤亡惨重，因此被称为"凡尔登绞肉机"。

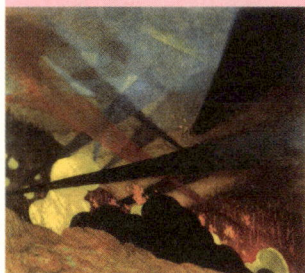

法国作家创作的战争画《凡尔登战役》

在凡尔登战役中作战的士兵

规模最大的坦克战是什么样的？

这样的坦克战真是太可怕了！

1943年7月，德国军队与苏联军队在库尔斯克地区展开了有史以来规模最大的坦克大会战。在方圆仅有15平方千米的区域里，双方数千辆坦克在飞机大炮的支援下进行了一场空前激烈的"肉搏战"。战场上硝烟弥漫、尘土滚滚，坦克轰鸣声与炸弹爆炸声响成一片。主场战争以苏联胜利而告终。

获得胜利的苏军士兵

二战中规模最大的空战是哪一次?

1940年8月15日,德军发动"空中闪电战"对英伦三岛进行狂轰滥炸。英国则奋勇反击,两军在空中展开了一场前所未有的大战。空战进行到10月份,在不到两个月的时间里,德军共损失2.4万多架飞机,不得不放弃入侵计划。英军则损失915架飞机。此战役成为了二战史上规模最大的空战。

不列颠空战期间,一名英军飞行员正准备登上战斗机。

"闪电战"是怎样一种作战方法?

法国的马其诺防线没有挡住德军的"闪电战"。

1939年德军入侵波兰,德军的坦克在强大空军的掩护下,快速突破了波兰部队的防御,随后又迂回到波兰防线的后方,仅仅用了36天,波兰这个拥有3400万人的国家就被攻占。随后德国在入侵挪威、比利时、荷兰、法国时都采用了类似的战术,十分奏效。军事家将这种进攻方式命名为"闪电战"。

德军在发动"闪电战"时动用了大量的坦克。

什么是海军陆战队?

我们能两栖作战呢,厉害吧?

海军陆战队是担任两栖作战任务的特殊兵种。今天的海军陆战队可谓是陆、海、空军的混合体。比如美国的海军陆战队,不仅拥有飞机,甚至还有航空母舰,而且装备有先进的电子、激光武器和各种通信设备。目前,世界各国都很重视对海军陆战队这个特殊兵种的发展。

美国海军陆战队进行登陆进攻演习。

庞大的海军舰队

什么是特种部队?

特种部队是军队中担负特殊使命的部队,大多由国家最高军事指挥机关直接指挥和领导,主要负责袭扰破坏、特种警卫、敌后侦察、反特工、反偷袭、反劫持等特殊任务,是一支训练有素、战斗力强的部队。在新的国际局势下,它还对应付局部战争和反恐怖斗争有着巨大作用。

装备齐全的特种兵

军徽是怎么来的?

军徽是具有一定意义的图案制成的象征军队或军种的徽章。公元前5世纪，欧洲的一些国家和军队中就出现了装饰有神祇、动物小雕像或刻绘着特殊象征性图案圆盘的矛和杆，这就是早期的军徽。之后，军旅中的徽章不断发展，逐渐成为象征军队或建制部队的标志之一。

各种军徽

美军上将的肩章上有4颗星。

看到了吧，我的肩章代表的可是超级上将!

肩章是干什么用的?

A 区分军衔 **B** 保护肩部

这个问题的答案是A。肩章是军人佩带在军衣肩上的标志。有星形、剑形、斜角形、矩形等多种形状。按肩章的种类、宽度以及星徽或其他图案的数量、大小，能够区分军人的军衔等级。

为什么野战服装大多是迷彩服?

迷彩服与普通军装相比,伪装效果要好得多。不同的彩斑图案不是随意涂抹的,而是很有讲究的。每块彩斑的边缘线条都呈不规则曲线,而且服装单独部位的彩斑也使用不同的颜色,不易被敌人发现。许多国家的军队都选用迷彩服作为野战服装,以增强野外作战的隐蔽效果。

身穿迷彩服的士兵

迷彩服可以起到隐蔽效果。

防弹衣为什么能防弹?

防弹衣是采用陶瓷玻璃钢复合材料制成的。这些防弹材料被做成每块15平方厘米大小,安插在衣服前胸和后背的许多紧密相连的小口袋里。当子弹击中防弹衣时,陶瓷片会顶住子弹的撞击力,而玻璃钢片则迅速地将撞击力传遍防弹衣,从而使集中在一点的巨大冲击力得以分散,起到防弹效果。

防弹衣是士兵的重要装备。

秘密在于自行车
圆圆的车轮哦!

为什么两轮的自行车在行进中不会摔倒?

人们在实践中发现:凡是高速转动着的物体,都有一种保持转动轴方向不变的能力。而自行车在行驶时,它的前轮和后轮便是两个快速转动的物体。这样,它便具有这种能力,因而不会倒下。如果自行车停下来,轮子停止转动,维持轮轴方向不变的力消失了,车子就会倒下来。

自行车

摩托车有多少种呢?

摩托车可分为普通摩托车、运动摩托车和竞赛摩托车三种。普通摩托车经济实用,人们使用它时会感到十分舒适、方便。运动摩托车外表炫目新颖,动力强劲,可以让驾驶者充分体会到速度带来的乐趣。竞赛摩托车在赛车场上大展神通,即便遇到沙地、泥泞等高难度地形,它也能毫不费力地越过。

在山地地段进行摩托车赛,非常考验车手的技术和耐力。

为什么汽车前窗都是斜的呢？

汽车的前窗不仅可以透光，而且还会反光，将车里面的事物也映在玻璃上。如果把前窗竖着放，窗外事物和车内事物的影像就会混淆在一起，司机无法分清它们，很可能发生危险。而倾斜的前窗却可以使车内事物影像的位置发生变化，司机看不到它们，行车就安全多了。

斜斜的前窗避免了反光带来的困扰。

有了这些条纹，我能更清楚地看到前方的路了！

为什么汽车的前灯灯罩带有条纹？

A 使前灯更为美观　**B** 起到折射光线的作用

这个问题的答案是B。灯罩上加了条纹，就可以折射灯所发出的光线。这样一来，前灯的光就可以柔和而且非常均匀地照亮前方的道路，司机便能一目了然地驾驶了。

跑车为什么可以跑那么快？

　　首先，跑车风驰电掣的速度得益于它大功率的发动机。此外，跑车的速度还与它流线型的造型有关。如果注意观察就会发现，跑车的整体线条都非常的优美流畅，这不仅使它看起来更富现代感，而且还能将空气阻力降到最低，所以，跑车才能跑得又快又省油。

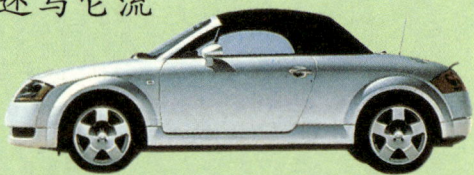

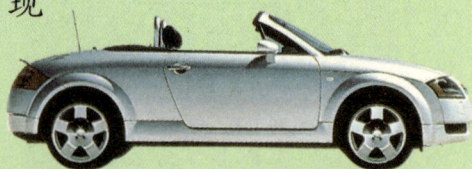

流线型的外观，令跑车跑得更快。

为什么越野车能够翻山越岭？

越野车

　　越野车拥有强劲的发动机，并采用四轮驱动，这让它拥有了超强功率。同时，越野车的底盘较高，能够自由地在高低不平的路面上行驶。此外，优良的转弯性设计让它可以在山地、野外自由驰骋。拥有了这些特点，越野车就可以毫不费力地翻山越岭了。

越野车优越的性能使它可以在沙地中行驶。

哇！F1赛车的速度好快啊！

F1赛车为什么长得怪模怪样？

F1赛车也叫一级方程式赛车。它的车身低矮，车轮却十分宽大，外型十分奇特。其实，F1赛车的奇特外型是为了更好地提高速度。低矮的车身可以减小空气阻力，而且也可以保持稳定。宽大的车轮可以增大与地面的接触面积，让它可以紧贴地面高速前进。

高速行驶的F1赛车

旅行房车真像一个"家"吗？

房车的驾驶室与车内客厅

房车的厨房一角

房车的车内卧室

旅行房车里不仅有舒适的卧室、清洁的厨房、雅致的小客厅、独立的卫生间，而且许多家用设施，如衣柜、橱柜、空调、电视、音响等等一应俱全。此外，旅行房车的车身由三层结构做成，非常结实，不管车外是怎样的狂风暴雨，车内却始终温馨平静。因此，人们把它称为"移动的家"。

为什么火车只能在铁轨上跑?

每列火车都重达几千吨,平地是无法承受这样的重量的。而铁轨却十分坚韧,足够承受火车巨大的压力。此外,铁路工人们还在铁轨下方铺设了一层又宽又平的枕木,进一步减小了火车对地面的压力。所以,几千吨重的火车就可以在上面畅行无阻了。

"工"字形铁轨的设计能够很好地承受火车施加的压力。

火车是怎样刹车的?

火车的每个轮子上都有一个刹车闸,每当火车到站时,火车司机就会拉下闸门,车轮上所有刹车闸便会在同一时间启动,共同加大刹车对车轮的摩擦力,火车就慢慢停下来了。如果只刹车头不刹后面的轮子,后面几十节车厢保持原有速度向前行驶,就可能造成翻车的严重后果。

火车的每一个轮子上都有刹车闸。

人们为什么要修建地铁呢?

地铁具有许多优点。首先,它的速度非常快,通常情况下能比公交车快两到三倍。而且地铁不会出现堵车的现象,对于要准时上班的人来说,乘坐地铁可以很好地控制时间。其次,每列地铁列车有许多节车厢,能够运送许多乘客。地铁里通常还设置空调、电视等,使乘客在途中更为舒适、方便。

畅通无阻的地铁为人们节省了时间。

来不及了,快去坐地铁吧!

日本开发的磁悬浮列车

磁悬浮列车为什么能悬空?

A 借助于磁场产生的力 **B** 借助于空气浮力

这个问题的答案是A。磁悬浮列车的底部安装了超电导磁铁,同时,导轨上铺设有一层"超导体"材料。列车前进时,超导体和电磁铁会产生磁场,形成向上的推力,使列车悬空行驶。

为什么帆船都有帆、舵和桅杆？

帆船的帆、舵和桅杆是帆船重要的动力来源。帆船在大海上行驶，就是依靠海风吹动风帆前进的。舵位于船尾，它像鱼儿的鳍一样，让帆船保持正确的航行方向。桅杆竖立在帆船上，它们非常坚固，不仅能支撑风帆，而且还可以帮助帆船抵抗大风的侵袭。

帆船

大家注意，起风了，我们准备逆风行驶。

帆船在逆风时能行驶吗？

帆船虽然依靠风力前进，但也可以逆风行驶。帆船上的帆可以根据风向随时改变角度。逆风行驶时，船身常常侧转一些，使帆与船身之间形成一定的角度。这样，帆的一面又鼓满风了，而另一面所受的压力较小，形成了一个压力差，这个压力差就会推动着帆船前进了。

三角帆更利于帆船逆风行驶时改变方向。

轮船果真有轮子吗？

早期的轮船是有轮子的，它们由会转动的桨轮和叶片组成，装在船的两侧或船尾，只要用力踩动桨轮，带动叶片拨水，船就会前进。这类船叫做"明轮船"。后来，人们发明了螺旋桨，取代了轮子装在船尾。由于螺旋桨藏在水中，所以这些船被称为"暗轮船"，现在所使用的船都是暗轮船。

图为"阿基米德号"，这是最早使用螺旋桨的轮船。

为什么轮船总是逆水靠岸呢？

轮船在靠岸时总是船头顶着流水，然后再慢慢靠岸。即使是顺流而下，到达时也会绕一个大圈子，逆水后再靠岸。这是因为轮船逆水靠近码头时，水流对船身有一个阻力作用，而它刚好可以利用这个阻力，起到部分"刹车"的作用，从而安全地停泊下来。

轮船逆水靠岸时，水流的阻力刚好可以让轮船"刹车"停泊。

汽艇为什么可以跑得飞快?

仔细观察汽艇的头部和船身我们就会发现,汽艇的头被设计成了尖尖的形状,这样的形状可以减小在水中行驶时所遇到水的阻力和空气阻力。此外,汽艇的整个外形呈现优美的流线型,同样可以将阻力减到最小。最主要的是,汽艇装配有先进的动力装置,拥有强劲的马力,自然能飞驰如风了。

汽艇在海上奔驰时,后面会溅起一串漂亮的水花。

潜水艇为什么可以浮沉呢?

潜水艇有个特殊的双层外壳。在内外壳之间的空隙里,有许多个水舱。当水舱中充满空气时,潜水艇就会比较轻,这样就会漂浮在水面上。当水舱中注入水时,潜水艇就会潜入水下。注入的水越多,潜入的深度就越深。因此只要控制好水和空气的比率,潜水艇就能自由沉浮了。

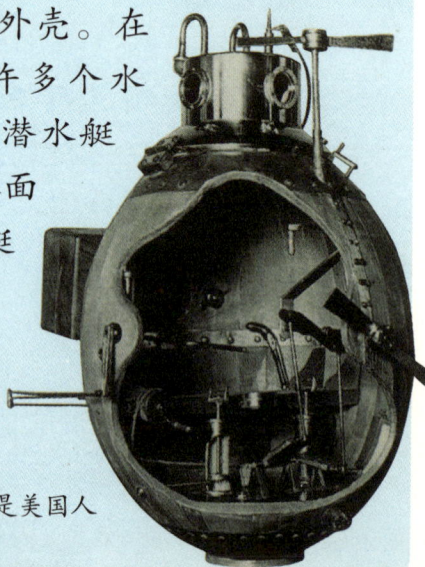

"海龟号"潜艇是美国人布什内尔设计的。

气垫船为何能悬在水面上行驶?

气垫船可以完全离开水面,悬在水面上方行驶。这是因为气垫船上装了几台鼓风机,它们不断压缩空气,并从船底四周的环形通道将空气喷出,这时空气以很大的压力冲向水面。气垫船因此受到了一个向上的压力,被托出水面,接着,气垫船就能用自身的动力装置产生推力,在水面上快速行驶了。

气垫船

水陆两用气垫船

水翼船为什么能飞起来呢?

水翼船有两只宽大、扁平的水翼,它们装在船底,就像是两只翅膀一样,能够托起船体。水翼是科学家叔叔们根据液体力学原理设计的,水翼船开动时,它就会产生一股向上的力。船速越大,这个升力就越大,渐渐地,船体就会被它整个儿托出水面,在水面上飞行起来。

小心啊,我们的船要"起飞"啦!

行驶在水面上的水翼船

破冰船是如何破冰的呢？

破冰船船体的钢板比一般船舶厚很多，而且它的功率大，航速高，当冰层不超过1.5米厚时，它就会冲上去，用船头把冰层劈开撞碎。如果冰层很厚，它的船头就会冲到冰面上，用沉重的船体把冰层压碎，倒退一段距离，再开足马力冲上冰层。反复几次，就可以破冰开路了。

破冰船

为什么要在船底刷特制油漆呢？

大海里生活的藤壶、牡蛎、凿船贝等动物的幼体经常四处漂流，它们一旦碰到了轮船，马上就会吸附在船底，终生附着在上

呵呵，又该给船底刷油漆了！

涂了特殊油漆的轮船不用担心附着物的黏附，在海上自由行驶。

面。这些生物给轮船带来了额外的负担。因此，人们将氧化亚铜、汞化合物、有机化合物等毒剂制成了特殊的油漆，涂在船底，将这些附着生物全都赶跑了。

为什么飞机要迎风起落?

飞机起飞时,它所获得的升力和气流速度有关系。如果是迎风起飞,气流速度就是滑跑速度和风速的总和。此时所产生的升力较大。飞机只要滑跑较短的距离,就可以顺利升空。飞机迎风降落时,可以借助风的阻力来减慢飞机的速度,所以同样滑跑较短的距离,就可着陆了。

飞机迎风降落,可以借助阻力减慢速度,缩短着陆时的滑跑距离。

飞机正在迎风起飞。

聪明的飞机总是会迎风起降呢!

对于客机来说,解决供氧问题更加重要。

飞机里的氧气从哪里来呢?

A 从空中吸取   B 从陆地携带

这个问题的答案是A。飞机的发动机能够带动空气压缩机不断吸取外面的稀薄空气,并输入到舱内。当舱内的空气接近地面水平时,氧气含量就足够乘客和驾驶人员使用了。

飞机上的黑匣子有什么用？

飞机上的黑匣子是一个记录器，能够记录飞机的飞行数据。黑匣子能将飞机飞行的高度、速度、方向等都详细地记录下来。而且，驾驶室人员与地面的联系情况，以及驾驶室中各种机械的可疑声音，它都会如实记录。有了这些记录，万一飞机失事，人们就能很容易查明真相了。

飞机失事后60天内，黑匣子会发出"声脉冲"，为援救人员提供线索。

黑匣子

飞机为什么会拖着长尾巴？

瞧，飞机的后面有一条长长的尾巴呢！

飞机在空中飞行时，引擎不停地运转，排出了许多热气。这些热气在高空遇冷，很快变成了许许多多的小水滴。大量小水滴聚集在一起，就形成了云。由于飞机是不断向前飞行的，所以云就形成了长长的一条，远远看去，就好像是飞机拖着一条白色的尾巴。

飞机在空中飞行时，身后会带着一条长长的尾巴。

76

空中加油机正在执行任务。

怎样在空中给飞机加油呢?

在空中给飞机加油时需要用到空中加油机。空中加油机内部有一个容量极大的油箱。它接收到为飞机加油的命令后,马上就会飞到飞机旁边,通过管道把燃油输送给飞机。这项工作的危险系数相当高,所以操作人员不仅要拥有高超的技术,还要非常细心。

为什么直升机能悬停在空中呢?

直升机的旋翼是它能悬停的关键哦!

直升机的顶部有一组螺旋桨叶,被称为"旋翼"。每当直升机想要悬停的时候,旋翼就会不停地旋转,给飞机一个向上的力。这个力与飞机的重力刚好相等,同时,旋翼旋转也不会给飞机向前、向后或左右两侧的作用力。这样飞机就会稳稳地悬停在空中了。

直升机可以悬停在大海或悬崖上空,救助困在那里的人。

哈哈,在高速公路上开车真是太痛快啦!

高速公路有哪些车道分类呢?

在我们国家,高速公路通常设有行车道、超车道和应急车道。依照车辆行驶方向,最左边的车道是超车道。中间的车道是行车道,行车道可以有一条或两三条。最右边通常是应急车道,当车辆发生故障时可以停在这里。此外,警车、消防车、救护车等执行任务时也可以走这里。

平整宽阔的高速公路

桥怎么会移动呢?

会移动的桥是为了方便大型船只通过而设计的。这些桥的桥面是对接而成的,如果有一艘大船要通过,桥面就会从中间分成两半,同时会有结实的铁链分别将它们高高吊起。这样,大船就能够安全通过了。之后,桥面又会慢慢落下,重新对接好,恢复成平坦的桥面。

可移动的桥

桥梁连接河流、山谷,帮助人们通过难以通过的路段。

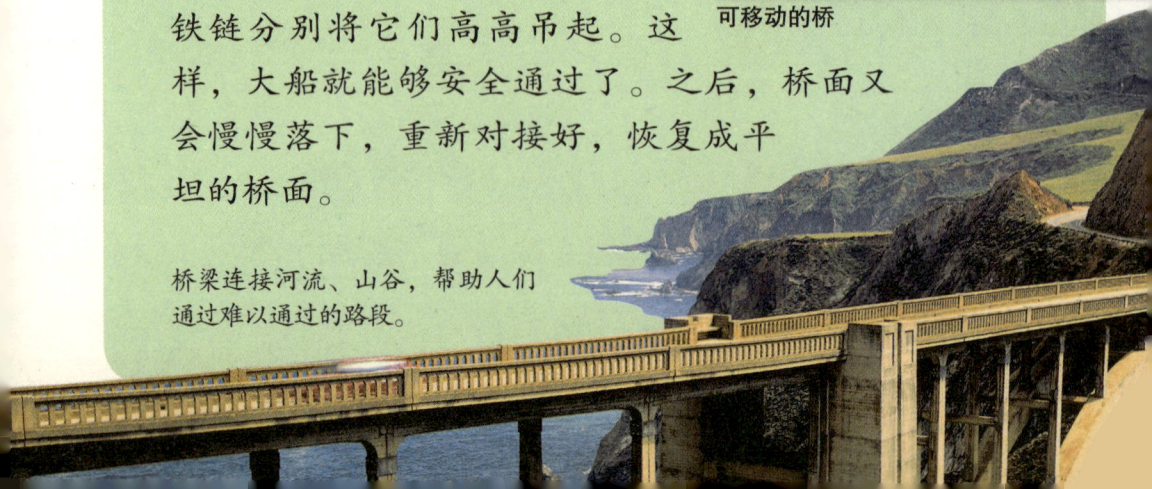

交通灯为什么是红、黄、绿这三种颜色呢？

交通灯选用红、黄、绿三种颜色是因为它们各有特殊的光学原理。红色光的光波较长，它穿过空气的能力也较大，容易引人注意，所以用它作为禁止通行的信号。而绿色与红色区别最大，因此用它作为通行信号，易于分辨。黄色光光波显示的距离比红绿灯都远，因此用它作警告信号。

交通信号灯

黄色的灯被广泛地运用到了城市的照明中。

夜晚一到，城市中就亮起黄色的路灯了。

路灯为什么是黄色的呢？

A 黄色灯不刺激眼睛　B 黄色光线穿透力强

这个问题的答案是B。黄色的光线穿透力非常强，比日光灯、水银灯发出的白色光线要强许多。即使在多雾的天气里，驾驶员也能透过雾气分辨出灯光。因此，路灯都是黄色的。

第三章

STUDENTS BOOKS

历史与文明

LISHI YU WENMING

　　人类历史的长河源远流长，在与自然的斗争与融合中，祖先们创造出一个个令人惊叹的文明，留下了数不尽的精彩华章。历史让我们看到了先人留下的每一个足迹，文明让我们领略了人类社会的发展历程。让我们共同走进历史和文明的灿烂隧道，重温昔日的灿烂与辉煌。

哈哈，原来人类跟我们的祖先是一样的啊！

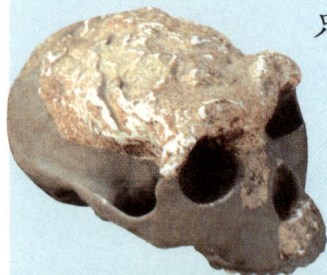

人类是从哪里来的？

事实上，人类与黑猩猩、大猩猩有着共同的祖先——古猿。在七八百万年前，由于气候的原因，地球上的森林减少了，一些古猿只好从树上来到地面。经过几百万年的演化，古猿学会了直立行走，将双手解放了出来，大脑也逐渐地进化和发展。经过几百万年的演变，古猿进化成了人类。

早期人类的头盖骨化石

右图为从古猿到人的进化过程。

四大"文明的摇篮"在哪里？

早期的人类大多聚居在河流附近，所以世界上几条大的河流便成了文明的发源地。西亚的两河流域产生了古巴比伦文明；北非的尼罗河流域孕育出古埃及文明；南亚的恒河与印度河流域产生了古印度文明；黄河和长江流域，就是我们中华文明的发祥地，这4个地方被称为四大"文明的摇篮"。

中国红山文化出土的玉龙

什么是图腾崇拜？

原始社会的人们相信，一个部落的生存和繁衍与大自然中的某一种东西有着密切的关系，这种东西可能是牛、鹰等动物，也可能是雷电、云雾等自然现象。于是，原始人就将这些生灵或自然现象当做神来供奉，叫做图腾。这种对图腾的崇敬就叫图腾崇拜。

原始人画在岩洞里的图腾

母系氏族为什么变成了父系氏族？

到了父系氏族公社时期，男子的地位提高啦！

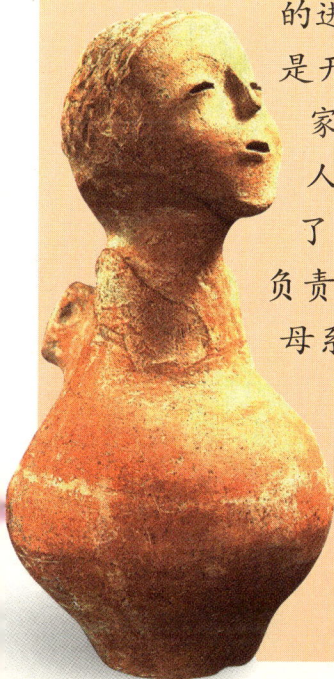

原始社会末期，随着农业生产工具的进步，男人们不再出去打猎，而是开始下地种田。女人们则待在家中负责家务，这种工作和男人们的工作相比就显得不重要了。所以，氏族里原本由女人负责管理的事情渐渐转由男人做主，原来的母系氏族也变成了父系氏族。

这个母系氏族时期的红陶人头壶，代表了当时人们对女性的崇拜。

父系氏族时期的权力象征——镶松石骨雕筒

巴比伦人为什么要建空中花园？

建在空中的花园，是不是很神奇呢？

巴比伦国王尼布甲尼撒二世娶了米底王国的公主，但公主思念家乡，整日闷闷不乐。于是国王令工匠按照米底王国山区的景色，在宫殿里建造了一座阶梯型的花园，里面栽满了美丽的花草树木，还引来了潺潺流水。这个花园比宫墙还要高，远远看去像是悬在空中，因而被称为"空中花园"。

巴比伦汉谟拉比法典石柱

空中花园复原图

埃及法老像

埃及法老为什么要建造金字塔？

A 作为祭奠的场地　B 作为自己的陵墓

这个问题的答案是B。埃及法老即位之后，便会下令建造庞大的金字塔，作为自己的陵墓。埃及法老认为，只要自己的遗体在金字塔中保存完好，灵魂便会永存。

法老的木乃伊

木乃伊是怎么做出来的?

埃及贵族死后,人们会将死者的脑和内脏小心地取出,把里面冲洗干净,然后填满香料,再把尸体照原来的样子缝好,放进硝石里。70天后,人们把尸体拿出来,用细麻布一层层包起,再涂上一层树胶,木乃伊就做好了。使用这种方法制成的木乃伊能够千年不腐。

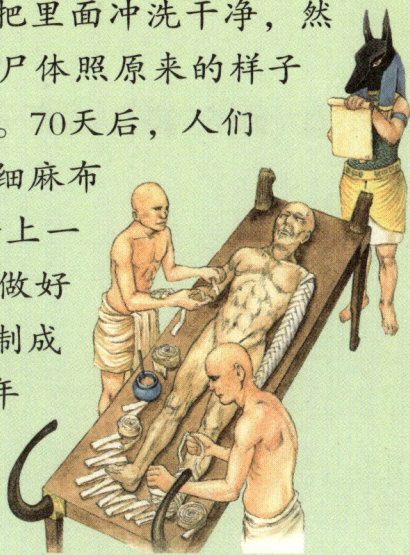

制作木乃伊

"埃及艳后" 是什么人?

埃及艳后克里奥帕特拉是古埃及托勒密王朝的奥雷特法老之女,也是古埃及的最后一个法老。据说她不仅美丽迷人,而且非常聪明博学,是个精明的政治家。在埃及已经非常衰弱的时候,克里奥帕特拉运用她的美貌和才智,暂时阻止了罗马帝国的征服行动,拯救了埃及,也保住了自己的王位。

克里奥帕特拉

是谁创立了佛教？

公元前6世纪中叶，印度北部有个迦毗罗国。国王的儿子乔达摩·悉达多看到百姓们的苦难生活与生老病死的痛苦，感到非常困惑。于是，他舍弃了王位，四处巡游，寻求解脱痛苦的方法。一天，他坐在一棵菩提树下深思时，终于找到了答案，创立了佛教。后人称他为"释迦牟尼"。

表现释迦牟尼出游的绘画

字母ABC是怎么来的？

公元前2000年初，生活在地中海东岸的腓尼基人认为当时使用的楔形文字太麻烦，就在埃及字母的基础上，创造出了用22个辅音字母表示的文字。后来，埃及人、罗马人先后在此基础上创造了希腊字母和拉丁字母。现今包括英文ABC在内的欧洲各国字母，几乎都是从希腊字母和拉丁字母演变而来的。腓尼基字母可以说是欧洲各国文字的始祖。

刻有腓尼基字母的金牌

为什么说古希腊时就已经有民主制度了?

　　"民主"这个词起源于古希腊语,意思是"统治归于人民"。不过,古希腊城邦实行的民主政治,与今天的民主制度有很大区别。古希腊城邦所有成年的平民男子都能直接参与国家大事的决策。审判或者决策的大会通常在广场上举行,每个人都可以发表演说,最后再由大家投票决定。

雅典公民投票用的陶片

克里特岛上真的有迷宫吗?

不好,我好像迷失方向了!

　　克里特岛位于爱琴海南部。《荷马史诗》中提到,克里特国王米诺斯的王宫结构复杂,迂回曲折,是一个巨大的迷宫,迷宫中还关着一个牛头人身的吃人怪物。这些当然只是神话故事,但公元前1800年左右,米诺斯人的确在克里特岛上建造了庞大复杂的宫殿群,看上去很像大迷宫。

克里特岛王宫遗址

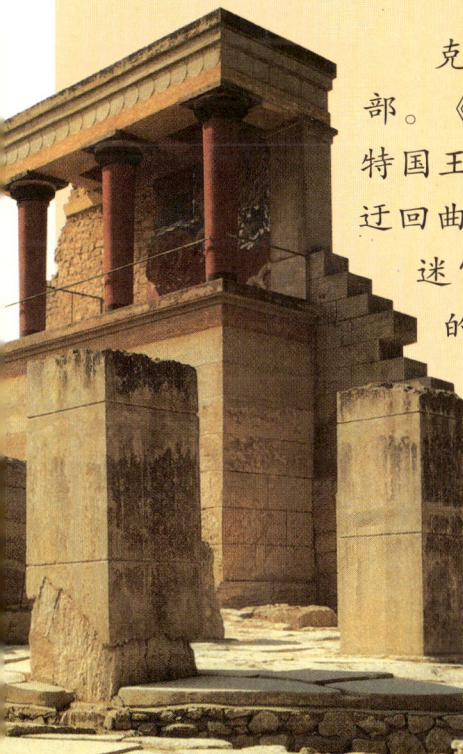

是谁建立了马其顿帝国？

马其顿原本是希腊北部一个落后的城邦。到腓力二世做国王时，马其顿强盛起来，并且在公元前338年击败了希腊联军，成为了全希腊的霸主。腓力二世的儿子亚历山大继承王位后，率领大军开始向东方进军。在几年时间里，他带领军队东征西讨，建立起了地跨欧、亚、非三洲的庞大帝国。

公元前326年的希达斯佩战役，亚历山大以寡敌众激战印度军。

庞贝古城要被掩埋啦，快跑啊！

亚历山大大帝

庞贝古城为什么会被埋在地下？

A 被火山喷发物所掩埋　　B 战败后被掩埋

这个问题的答案是A。庞贝城本来是罗马帝国一座繁华的城市。公元79年8月24日中午，庞贝城东南的维苏威火山突然喷发，火山熔岩夹杂着碎石、烟灰将这座城市无情地掩埋。

为什么基督教刚创立时受到了压制？

由于基督教义只承认上帝是唯一的神，并不承认对罗马皇帝的崇拜，所以在刚创立的三百年间，受到了罗马帝国统治者的压制。许多虔诚的信徒因为坚持自己的信仰，反抗罗马帝国的压制，甚至被判了死刑。其中既有社会下层的民众，也有不少显赫的贵族。

耶稣受难

奥古斯丁手稿《上帝之城》插页

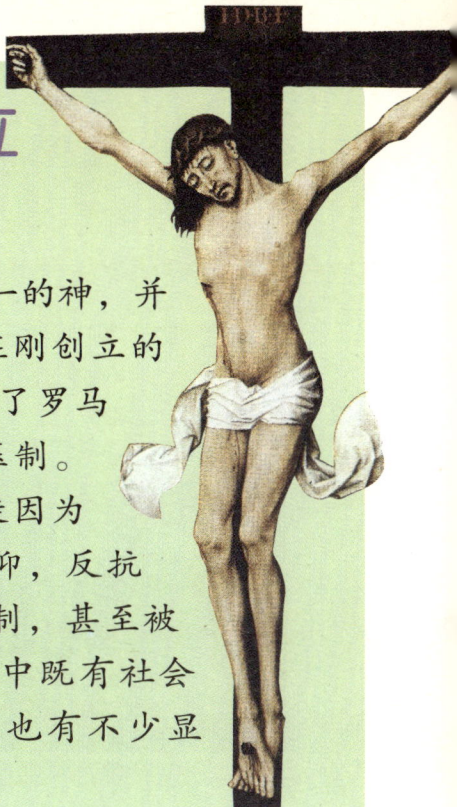

为什么说玛雅人是"美洲的希腊人"？

公元前3000年以前，玛雅民族定居在了中美洲墨西哥南部的密林里，并创造了灿烂的古代文明。玛雅人创造出了自己的象形文字，并且制订了历法。在古代美洲大陆的各个民族部落中，玛雅文化发展最早，水平最高，他们对美洲文化的影响，就如同希腊人对欧洲文化的影响，所以玛雅人被称为"美洲的希腊人"。

玛雅贵族俑人

修道院是什么地方？

4世纪时，意大利出现了最早的修道院，那些虔诚信奉上帝的人，进入修道院成为修士或修女。他们必须遵守许多严格的规定，过着简单清苦的生活。但到了13世纪，修道院的权势越来越大，并占有了大量财富，渐渐变成了滋生贪婪和腐败的地方。随着时代的发展，现在的修道院成为学术培育、人格培育和照顾老人的机构。

希腊迈代奥拉修道院

为什么英法会爆发百年战争？

1328年，法国国王腓力六世即位。这时，英格兰的国王爱德华三世以自己是法王腓力四世的外孙为由，与腓力六世争夺王位的继承权。事实上，这只是英国发动战争的借口，其真正的目的是为了与法国争夺富饶的佛兰德尔地区。1337年11月，英法之间长达百年的战争正式拉开了序幕。

百年战争中的克雷西战役

欧洲的大瘟疫是怎么回事？

14世纪中期，从亚洲返回意大利的商船带来了一种可怕的瘟疫，这场瘟疫在欧洲流行了三个世纪，造成两千多万人死亡。这种瘟疫被称做黑死病。黑死病实际上是一种鼠疫，是由寄生着跳蚤的老鼠传播开的。得病者身上会出现一块块黑斑，通常几天内便会痛苦地死去。

> 可怕的瘟疫来了，谁能救救我们呢？

黑死病使死亡随时可能降临到任何人头上。

为什么说哥伦布发现了新大陆？

15世纪时，意大利人哥伦布说服西班牙国王给了他一支船队。他带领船队在1492年8月从西班牙出发，准备寻找一条从东边到达印度的新航线。两个月后，船队发现了陆地，哥伦布以为到达了印度。哥伦布死后，人们才发现他到达的是一片崭新的陆地——美洲大陆。

热衷于航海的哥伦布

为什么贞德被法国人称为"圣女"？

在英法百年战争中，一位19岁的法国姑娘贞德自称得到了上帝的命令，来到战场上率领法军作战，打了许多胜仗。后来，贞德的声望引起了贵族的不安。1430年，法国贵族将贞德出卖给了英国人，英国的宗教法庭以女巫的罪名将她判处了火刑。500年后，梵蒂冈教徒为她平反，并将她称为"圣女"。

贞德出征

为什么伊丽莎白被称为"童贞女王"？

1558年，伊丽莎白的姐姐——玛丽女王得病去世，伊丽莎白成为了英格兰的新任女王。伊丽莎白统治期间，英国成为了欧洲最强大的国家，被称为英国历史上的"黄金时代"。伊丽莎白女王将全部的青春与智慧献给了英格兰，一生都没有结婚，因此被人们称做"童贞女王"。

年轻貌美的伊丽莎白

真主安拉是我们唯一的神!

伊斯兰教是谁创立的?

公元6世纪，阿拉伯半岛上战乱不断，阿拉伯人过着落后、贫困的生活。大约在公元610年，有个叫穆罕默德的人自称是真主的使者，创立了伊斯兰教。"伊斯兰"在阿拉伯语中是"顺利"的意思，穆罕默德宣称，世界上只有一个神——安拉，他创造了世界万物和人类，所以必须服从安拉的旨意。

先知穆罕默德

阿拉伯帝国是何时建立的?

穆罕默德创建伊斯兰教后，经过几年的发展，到公元630年时他率领万人大军进攻麦加城。麦加的贵族们只好和穆罕默德讲和，承认了伊斯兰教和穆罕默德的最高地位。而阿拉伯半岛上的其他部落也纷纷归顺。自此，阿拉伯半岛上的人们以伊斯兰教为核心，建立起了统一的阿拉伯帝国。

耶路撒冷的清真寺

> 大化革新可是一千三百多年前的事了。

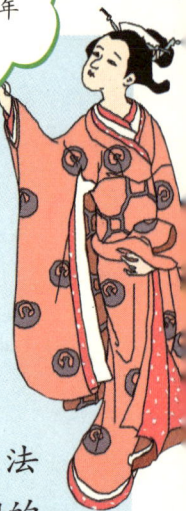

什么是"大化革新"？

公元6世纪末，日本的皇室、贵族和平民之间的矛盾越来越尖锐，社会状况非常混乱。公元645年，经过一场政变，孝德天皇上台掌权。他建立了"大化"的年号，宣布废除旧的制度，施行新的法令，借鉴了当时唐朝的制度，加强了天皇和中央政府的权力，这就是"大化革新"。

日本法隆寺

源赖朝像

日本古代武士的甲胄

什么是幕府？

A 日本政府的秘密机构　　**B** 武士集团的统治机构

这个问题的答案是B。公元8世纪，日本的武士集团出现并逐渐强大。12世纪末，武士源赖朝被封为征夷大将军，并建立起自己的统治机构——幕府，与京都的朝廷相对立。

非洲为什么会有个"石头城"？

图为遗址内发现的三只皂石刻成的神鸟雕像。

石头城曾经是个繁华的城市呢！

非洲南部有一大片用石头建的城市废墟，这就是大津巴布韦古城遗址。大津巴布韦兴起于13世纪，在鼎盛时期它的疆域包括了现在津巴布韦共和国的大部分土地、博茨瓦纳、德兰士瓦、莫桑比克等国，可以说是一个庞大的帝国。15世纪中期，大津巴布韦被废弃，成为一片废弃的"石头城"。

大津巴布韦的城墙遗址

斯瓦希里文明是怎样产生的？

"斯瓦希里"源自阿拉伯文，意思是"沿海地区"。公元10到12世纪时，一些阿拉伯人来到非洲东部的沿海地区，建立起了穆斯林的城邦，并与当地的班图族人缔结婚姻，开创了伊斯兰教的王朝。于是，混合了班图、阿拉伯和印度文化的斯瓦希里文明就此产生了。

斯瓦希里铸币

英国为什么会爆发"圈地运动"？

15世纪末，英国毛纺织业发展迅速，羊毛的价格不断上涨，养羊业成为了十分有利可图的行业。于是，贵族开始大量侵占公有土地和农民的耕地作为牧场，并且将土地用壕沟和栅栏圈围起来。失去土地的农民沦为了流浪者。人们将这场运动称为"羊吃人"的圈地运动。

圈地运动又被称为"羊吃人运动"。

查理一世为什么被送上断头台？

英国的国王查理一世即位后，不仅任意向人民征税，而且还擅自解散了议会。这严重侵害了新兴资产阶级的利益。

查理一世真是罪有应得啊！

查理一世之死

1640年，国王与议会之间的矛盾激化，英国资产阶级革命爆发。最后，查理一世的军队败给了克伦威尔领导的议会军，查理一世也在1649年1月被送上了断头台。

巴黎人民为什么攻打巴士底狱?

法国巴黎有一座巴士底狱，里面关押着许多反抗封建专制的政治犯。1789年7月，国王路易十六暗中集结军队，准备以武力解散议会，逮捕议会中的平民代表。愤怒的巴黎人民发动了武装起义。7月14日，人们攻占了巴士底狱，释放了政治犯。轰轰烈烈的法国大革命也由此拉开了序幕。

看，前面就是巴士底狱了!

巴黎人民攻打巴士底狱的情景

拿破仑是怎样上台掌权的?

法国的热月政变后，热月党人组成的督政府掌握了政权。1799年，督政府在内忧外患的形势下岌岌可危。这时，正在攻打埃及的法军将领拿破仑偷偷回到法国，在大资产阶级的支持下，于1799年11月9日发动政变，推翻了督政府，建立了执政府，并担任了第一执政，从此，拿破仑掌握了法国大权。

拿破仑

为什么华盛顿被称为"美国之父"?

华盛顿是我们的第一任总统哦!

1775年6月,华盛顿当选为大陆军总司令,开始领导北美人民对抗英军。经过六年半的艰苦斗争,1781年10月19日,华盛顿率领美军在约克镇彻底击败英军,取得了独立战争的胜利。此后,华盛顿当选为美利坚合众国第一任总统,被尊称为"美国之父"。

独立战争中,华盛顿率领大陆军与英殖民者展开了激烈的斗争。

美国国父华盛顿

今天运气真不错,淘到一大块金子!

美国西部为什么会兴起淘金热?

A 美国西部发现了黄金 **B** 美国西部高价收购黄金

这个问题的答案是A。19世纪中期,一个叫詹姆斯·马歇尔的人在美国荒凉的西部发现了黄金。这个消息一传开,人们纷纷从世界各地涌来,引发了一股淘金热潮。

朝鲜为什么爆发东学党起义？

日本侵略朝鲜的战争

东学党是19世纪末朝鲜民间的一个秘密组织，宗旨是反对西方文化的侵略，崇尚东方的儒道思想，成员大都是社会底层的人民。1894年，东学党发动了农民起义，反对国内的封建统治和外国资本的奴役。日本乘机大举侵入朝鲜和中国，挑起了甲午战争。

为什么印度会成为英国的殖民地？

英国人在印度的奢侈生活

英国的东印度公司成立后，逐渐占领了印度的一些城市。从1756年起，英国和印度爆发了长达7年的战争，英国战胜后，开始一点点扩大占领的范围。到了1849年，印度已完全沦为了英国的殖民地。东印度公司更加残酷地掠夺和压榨印度人民，使印度人民遭受了无穷的灾难。

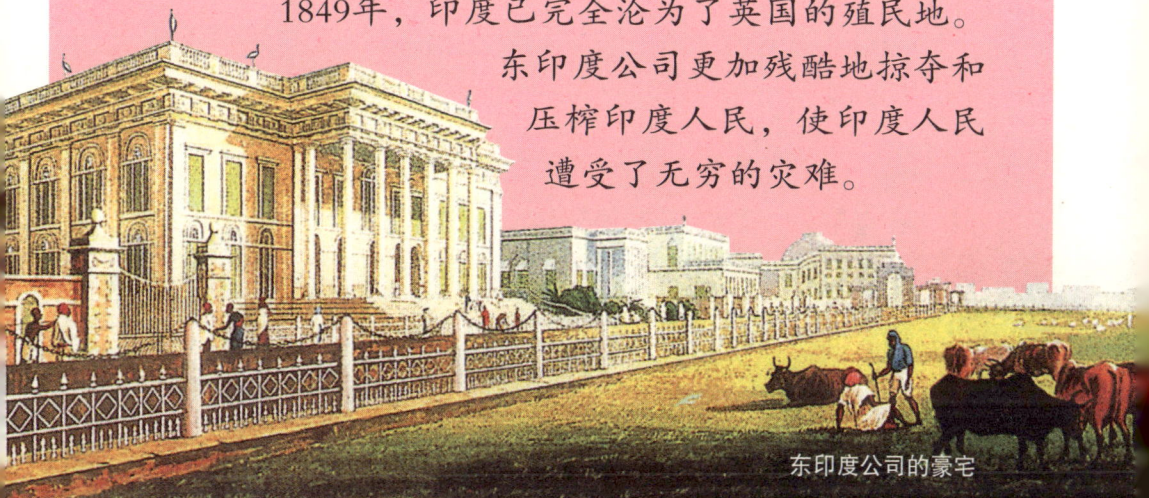

东印度公司的豪宅

什么是纳粹主义？

德国的法西斯主义又叫"民族社会主义"，音译为"纳粹主义"。拥护"纳粹主义"的纳粹分子主张，世界上的优等种族要通过不断的战争维护自己的特权，从掠夺的土地中寻找出路。历史上最著名的纳粹分子就是德国法西斯的头目希特勒，他发动的第二次世界大战就是一种纳粹主义行为。

德国纳粹党的集会

"死亡工厂"指的是哪里？

天啊，这里简直是人间地狱！

第二次世界大战期间，德国在波兰建立了奥斯威辛集中营，那里关押着许多反对希特勒的政治犯、战俘和犹太人平民。法西斯在集中营内设立了4个毒气"浴室"和焚尸炉。1944年，这里每天要焚烧约6000具尸体。共有上百万人死在奥斯威辛集中营，所以它又被称为"死亡工厂"。

奥斯威辛集中营大门

骨瘦如柴的纳粹集中营中的囚犯

《开罗宣言》有什么内容?

1943年,由于斯大林格勒战役和北非战役的失利,德国和意大利的败局已经不可逆转。11月22日,

中、美、英三国在开罗举行了会议,共同签署了《开罗宣言》,声明三国将坚持对日本作战,直到它无条件投降为止。《宣言》还明确规定了日本将中国的东三省、台湾、澎湖列岛等领土归还中国。

《开罗宣言》发表后不久,中国发动对日军的全面反攻。图为整装待发的中国军队。

有了联合国,各国人民就更像一家人了!

为什么要成立联合国?

为了维护世界的和平、加强合作、解决争端,1945年3月,美、苏、英、中4国联合向全世界各国发出邀请,共商建立联合国的大事。1945年6月25日,联合国成立大会在美国的旧金山举行,会

丘吉尔(左)、罗斯福(中)和斯大林(右)于1945年2月9日在雅尔塔会议期间。

上通过了《联合国宪章》。联合国总部设在美国纽约,到2011年7月,已有193个国家加入了联合国。

联合国大厦

为什么中国人自称"炎黄子孙"？

黄帝是五千年前黄河中上游的一个部落首领。炎帝是另一个部落的首领。后来，炎黄两个部落渐渐融合在一起，周围的各部落也逐渐融合到炎黄部落中，形成了一个强大的民族——中华民族。炎帝和黄帝便被奉为中华民族的祖先，中国人也因此自称为"炎黄子孙"。

黄帝

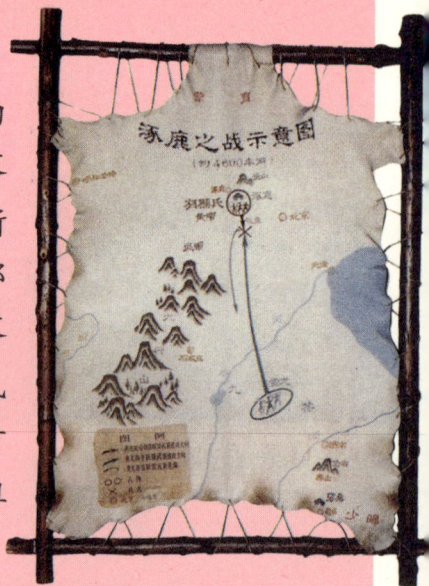

炎帝和黄帝联合各部落在涿鹿杀死蚩尤，完成了部落的统一。

神农为什么要尝百草？

远古时，人们既不会种庄稼，也不懂用草药治病，所以日子过得很苦。传说有个叫神农的人，为了帮助人们，就冒着生命危险，品尝了所有能找到的野草和野果。他不但发现了许多可以吃的粮食，教大家耕田种地，还找出不少可以治病的药材。大家非常感激他，推举他当了首领。

神农真是太了不起了，帮我们找到这么多能吃的东西。

神农

102

什么是"大禹治水"？

古时中原常泛水灾，于是部落首领舜任命禹主管治水。禹日夜奔走在治水工地上，三过家门而不入。

就这样，禹辛劳工作了13年，终于疏通了9条大河，治好了洪水。原来洪水泛滥的地方成了鱼米之乡。舜对禹十分满意，就让禹继承了部落首领的位置。

大禹塑像

大禹治水

商朝为什么又叫殷商？

公元前16世纪，夏朝被商朝取代了。商朝建立后由于政治、地理等原因，进行过多次迁都。到盘庚当上国君后，见都城地势低洼，面临被洪水淹没的危险，又将国都搬迁到了殷（今河南安阳）。从那以后，商朝的都城没有再搬迁过，而且一度出现了复兴的局面，所以商又被称为殷商。

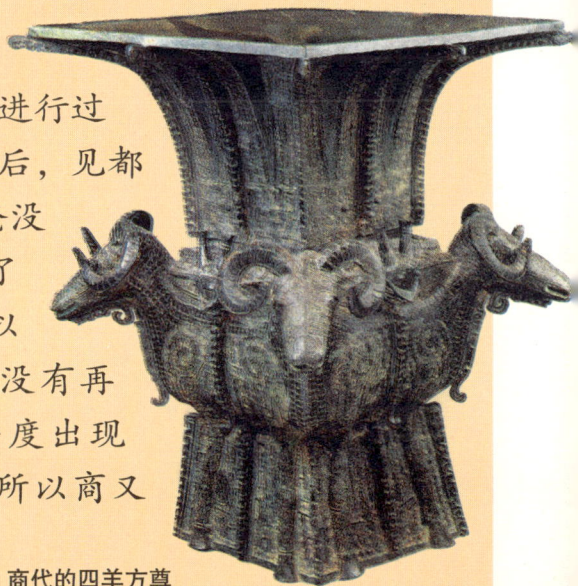

商代的四羊方尊

甲骨文是什么样的文字?

古代的华夏民族是世界上最早创造出文字的民族之一。商朝时,人们习惯用龟甲、兽骨求神问卜,然后将占卜的相关内容用刀刻在龟甲和兽骨上。我们把这种文字叫甲骨文。目前人们共发现了四千多个甲骨文字。我们现在所用的汉字也是从甲骨文演变而来的。

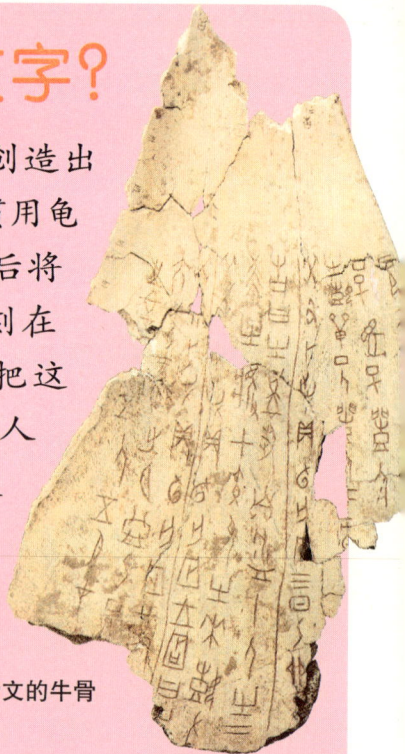

我要把刚卜的卦相记下来。

刻着甲骨文的牛骨

哈哈,我只钓王与侯,不钓水中鱼!

周文王像

姜太公为何要用直钩钓鱼?

A 为引起周文王的注意　　**B** 为锻炼钓鱼技巧

这个问题的答案是A。商朝末期,一位叫姜尚(姜太公)的老人为吸引周文王的注意,就用一个直钩钓鱼。一天,周文王看到后很奇怪,就与他交谈,谈话中文王发现他才智过人,当即拜为国相。

周幽王为什么要烽火戏诸侯？

周幽王的王后褒姒平日难得一笑，幽王为博取美人一笑便想到一计，他让手下大臣用烽火报急。本来有外敌入侵时，才能燃烽火报急，召来各诸侯。因此不知情的各路诸侯火速赶到了，这时，他们才发现自己被戏弄了。褒姒见此情景大笑起来。而周幽王却因此而失信于天下，终被西夷军杀死在骊山下。

烽火戏诸侯

什么叫"百家争鸣"？

春秋战国时期，出现了老子、庄子、孔子、荀子、墨子、韩非子等许多思想家，形成了许多派别，其中道家、儒家、墨家和法家的影响最大。这些思想家在历史上被称为"诸子百家"。他们自由地宣传自己的主张，批评别人的观点，有时争论得很激烈，这种局面就是"百家争鸣"。

儒家学派创始人——孔子

百家争鸣

105

为什么勾践能够报仇雪耻？

勾践回国后，励精图治，准备反攻吴国。

公元前494年，越王勾践因战败而成为吴国的人质。在吴国期间，他忍辱偷生，取得了吴王的信任。回到越国后，勾践在国内大力发展生产，并在太湖中秘密训练军队，储备作战物资。勾践还选出两名美女献给吴王，使吴王沉湎美色，不理朝政。9年后，越国兴兵打败了吴国，杀死了吴王。

越王勾践卧薪尝胆

为什么会出现战国七雄？

战国七雄原来是这样来的！

公元前453年，晋国分裂为韩、赵、魏三国。这三个国家与其他诸侯国都想方设法去侵占别国的土地，相互之间不断发生战争。在激烈的战争和兼并中，当初的十几个大国只剩下齐、楚、燕、赵、韩、魏、秦七个大国和几个小国。这七个大国被称为"战国七雄"。

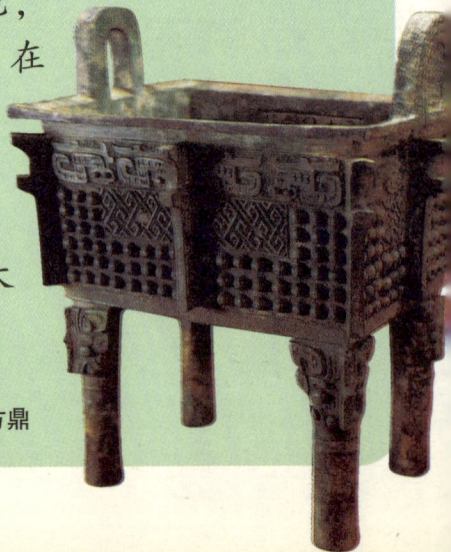

战国时期楚国方鼎

秦国为什么能攻灭六国？

在战国七雄中，位于西部的秦国原本比较落后，后来秦孝公任用了卫国人商鞅，进行了变法。商鞅废除了旧法，制定了许多新的法令，将秦国治理得井井有条。在短短几十年的时间内，秦国就成为了七国中实力最强的国家。不久，秦国开始了吞并六国的战争，并于公元前221年攻灭了六国。

秦始皇

秦始皇是中国第一个皇帝。

秦始皇为什么要"焚书坑儒"？

秦始皇为了压制反抗，统一思想，下令收缴以前六国的所有史书和诸子百家的著作，除了医学和技术方面的书籍之外，其余书都被集中烧掉了。后来，他又下令将都城所有的读书人活埋。秦始皇的"焚书坑儒"，对古代思想文化的传承造成了很大的破坏。

秦始皇焚书

为什么项羽会乌江自刎？

楚汉之争末年，楚霸王项羽兵败，退到垓下，被汉军围

楚霸王项羽乌江自刎。

困。项羽连夜率领800名壮士突围。汉军发觉，以5000人马追赶。来到乌江边时，楚军除项羽外全部战死。

垓下遗址

乌江亭长要渡他过江，项羽见兵将全部战死，觉得愧对江东父老，于是杀汉军数百人后，自刎而死。

为什么汉武帝要派人远征匈奴？

汉朝刚建立时，由于国力还很弱，所以一直实施合婚政策。但匈奴对边境的侵扰从未停止过。到了汉武帝时，汉朝的国力日渐强盛，为了彻底解除匈奴对中原的威胁，汉武帝在公元前121年派大将卫青和霍去病远征匈奴，并取得了决定性的胜利，将匈奴人赶到了大漠以北。

汉武帝刘彻

我要夺回失去的土地。

我要好好练习骑射，成为"飞将军"那样的英雄！

为什么称李广为"飞将军"？

李广是西汉时期的大将军，能骑善射，武艺高强。汉文帝时期，李广率军抗击匈奴。每到一地，他都以出色的骑射而令敌人闻风丧胆，他的战略战术更让匈奴人谈虎色变。他行动快，箭法精，忽来忽去，敌人总是摸不清他的打法，所以匈奴人称他为"飞将军"。

"飞将军"李广

为什么王昭君要远嫁匈奴？

汉元帝时期，为了边境的安宁，元帝决定与匈奴和亲。宫女王昭君入宫多年，但却因没有贿赂画师而被画丑，所以一直没有受到元帝宠幸。此时，她表示愿意远嫁匈奴。于是，元帝封她为公主，让她在长安与呼韩邪择日成亲。王昭君与呼韩邪的和亲，使汉朝北部边境60多年没有发生战争。

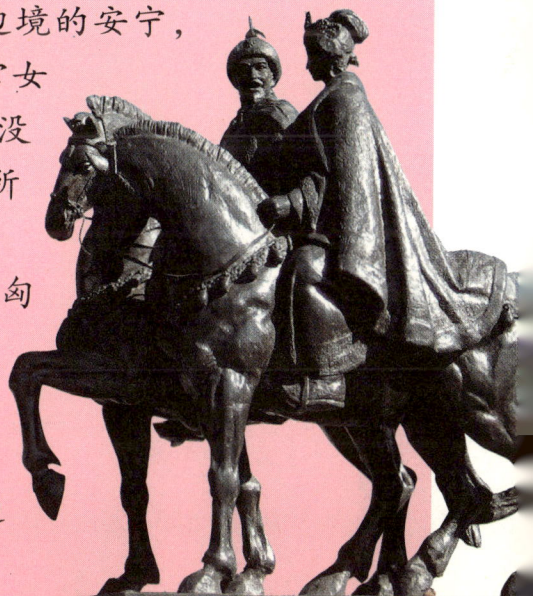

昭君墓

109

为什么会形成"三国鼎立"？

东汉末年，随着农民起义的爆发，各地出现了许多割据势力。208年，北方军阀曹操带领80万大军，与刘备和孙权的联军在今天湖北赤壁进行了一场决战，曹操惨败，退回北方。此后，曹操、刘备和孙权的实力不相上下。不久，他们分别建立了魏、蜀、吴三国，三国鼎立的局面形成了。

赤壁之战是三国形成的关键哦！

赤壁之战

曹操的势力不断扩大，形成独霸一方的割据势力。

曹操是怎么扩张势力的？

A 明修栈道暗度陈仓　**B** 挟天子以令诸侯

这个问题的答案是B。黄巾起义以后，曹操组建了自己的军事集团，于196年迎汉献帝入许昌，从此他将汉献帝作为自己的傀儡，令诸侯听命于己，扩张了自己的势力。

刘备为什么要"三顾茅庐"？

东汉末年，刘备四处寻访人才，招揽了许多文臣武将。徐庶向他推荐人称"卧龙"的诸葛亮。刘备求才心切，决定亲自去拜会诸葛亮。经过三次拜访，诸葛亮才把刘备等人迎接到茅屋里，分析了时局，提出了著名的《隆中对》，刘备听后大喜。从此诸葛亮辅佐刘备，为蜀汉政权的建立立下了汗马功劳。

等他来请我三次，我再出山。

三顾茅庐

为什么诸葛亮能借到东风？

在赤壁之战中，周瑜打算采用火攻，但时值秋末，长江两岸没有东南风，周瑜的火攻无法实行。这时，诸葛亮向周瑜保证三天后自己可以"借"到东风。三天后，诸葛亮设祭坛作法，不久果然刮起了东南风，周瑜的火攻计划顺利完成。实际上，诸葛亮颇通天文地理，他夜观天象得知东南风将起，因此故意演了这一出戏。

诸葛亮分析形势，巧借东风，取得了赤壁之战的胜利。

宋太祖为什么要"杯酒释兵权"?

宋太祖靠发动兵变夺得政权,因此很不放心自己的部下。961 年,赵匡胤宴请功臣时说:"我当上皇帝后,整夜不能安睡。担心你们的部下把黄袍披在你们身上,那你们不想造反也不行了。"石守信等人明白了皇帝的意思,第二天便称病辞官,太祖欣然准奏。这就是有名的"杯酒释兵权"。

杯酒释兵权

为什么岳飞会惨死风波亭?

岳飞是南宋抗金名将,他率领"岳家军"多次打败金兵,建立了赫赫战功。但宋高宗和权臣秦桧却害怕岳飞会威胁自己的统治,于是连下12道金牌将他召回,解除了岳飞的兵权,与金讲和。秦桧为了控制军队,一心要除掉岳飞。同年十月,岳飞被秦桧以"莫须有"的罪名,毒杀于风波亭。

岳飞

岳飞墓

成吉思汗

成吉思汗是什么人？

成吉思汗的本名叫铁木真，他的父亲是蒙古乞颜孛儿只斤部的首领。铁木真年少时便带领军队四处征战，在1206年统一了蒙古汗国，被人们尊称为"成吉思汗"。成吉思汗统一蒙古后，为蒙古民族的形成和元朝的建立奠定了基础，成为蒙古人心目中的英雄。

蒙古帝国的疆土到底有多大？

成吉思汗带领蒙古骑兵进行了大规模的军事扩张，先后打败了金国和西夏，之后又横扫欧亚大陆，占领了广阔的土地。扩张后的蒙古帝国可以说是世界历史上疆域最大的帝国，它东起朝鲜半岛，西到波兰，北到北冰洋，南至太平洋和波斯湾，几乎包括了整个亚洲和大部分欧洲。

成吉思汗用过的马鞍

蒙古四大汗国的疆域

成吉思汗建立的帝国好辽阔哦！

朱元璋为什么要设立锦衣卫？

锦衣卫木印

锦衣卫是由明太祖朱元璋设立的一支禁卫军，朱元璋担心大臣们谋反，便设立了这样一支军队来监视大臣们的一举一动。锦衣卫的势力和权限非常大，可以越过各级官府随意抓人、审讯甚至处决。锦衣卫的指挥使更是经常利用职务之便，任意打击反对自己的人。当时的监狱中关满了无辜的人，含冤而死的人也不计其数。

朱元璋

袁崇焕

崇祯皇帝为什么杀死袁崇焕？

A 崇祯帝中了反间计 **B** 袁崇焕准备造反

这个问题的答案是A。明朝大将袁崇焕谋略过人，使得后金久攻辽东不下。后金统帅皇太极便派人散布谣言，说袁崇焕通敌叛国。崇祯帝听说这个消息后信以为真，处死了忠心为国的袁崇焕。

努尔哈赤为什么要创建八旗制度?

努尔哈赤

努尔哈赤是清朝的开创者。他为了加强对军队的管理,实行军政合一,创立了八旗制度。八旗制度将所有女真人分为黄、白、蓝、红、镶黄、镶白、镶蓝、镶红八旗,规定每300人是一个牛录,5个牛录是一个甲喇,5个甲喇是一旗。被编入八旗的人打仗时是兵将,不打仗时是平民。

努尔哈赤统一女真后,建立八旗制度,图为八旗将士服饰。

为什么乾隆皇帝要六下江南?

江南的古迹真多啊!

乾隆皇帝在位时,清朝正值"康乾盛世"。乾隆为了炫耀自己的功绩,同时游赏江南美景,便于1749年到1784年间,先后6次巡游江南。为了笼络人心,他在南巡的途中免除了一些地方的杂税,视察了各地的水利工程。但他每次南巡都要耗费大量人力物力,给百姓带来沉重的负担。

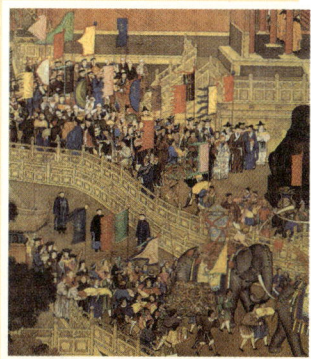

《万国来朝图》中描绘的康乾盛世的情景。

林则徐为什么要虎门销烟？

林则徐真是个大英雄！

清朝末年，英国开始向中国大量倾销鸦片，严重损害了中国的利益。1839年，道光皇帝派钦差大臣林则徐来到广东，负责查禁鸦片。一个月里，林则徐共收缴了将近两万箱鸦片。为了向人们显示他查禁鸦片的决心，林则徐在虎门海滩上主持了销毁鸦片的仪式，大大振奋了中国人民的精神。

林则徐

为什么会爆发鸦片战争？

19世纪的中国处于封建社会末期，政治腐朽，经济落后，危机重重。西方国家便把中国视为了发展工业最好的商品市场和原料产地。因此，英国以虎门销烟为发动战争的借口，大举进攻中国沿海各地，鸦片战争爆发。鸦片战争标志着我国进入了屡遭列强侵略、受尽屈辱的近代史时期。

吸食鸦片者

虎门销烟浮雕

为什么香港会被租给英国？

1840年，英国以林则徐销毁鸦片为借口，发动了鸦片战争。英国海军凭借强大的现代化武器，轻易打败了清军。清政府只好向侵略者求和，双方于1842年签订了《南京条约》。《南京条约》中除了赔款等丧权辱国的条款外，清政府还被迫将香港租给了英国，使香港成为了英国的殖民地。

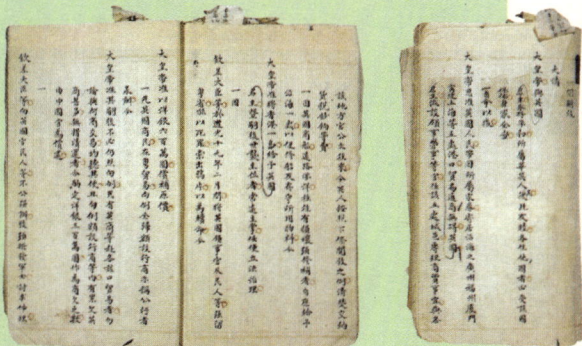

《南京条约》抄本局部

为什么会爆发辛亥革命？

孙中山

19世纪末，腐败的清政府与西方列强签订了一系列出卖主权的不平等条约；同时残酷地剥削劳动人民，激起了广大人民的愤慨与反抗。1911年，武昌地区革命团体发动了武装起义，辛亥革命从此开始。1912年元旦，革命领袖孙中山被推举为大总统，在南京宣布了中华民国的成立。

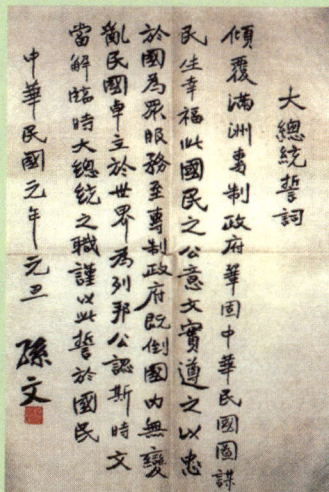

《大总统誓词》

第四章

STUDENTS BOOKS

文化与艺术

WENHUA YU YISHU

　　生活造就文化，艺术美化生活。文化艺术的"载体"——文学、美术、音乐、舞蹈、建筑……它们不但承载着作者对真善美的诠释，而且具有最明显的时代特征，从中我们可以清楚地把握时代的脉搏。从《神曲》到四大名著，从《蒙娜丽莎》到《清明上河图》，从金字塔到故宫，文化艺术是人类历史发展的一个重要缩影。

呵呵，原来在船上可以躲过灾难呢！

为什么避难所又称"诺亚方舟"？

《圣经》里有一则著名的神话。上帝为了惩罚作恶的人类，便决定在人间发一场洪水。于是，上帝吩咐诺亚造一只方舟，将所有动物各带一公一母上舟。诺亚带着动物刚上方舟，天上就下了40天的大雨。150天后，洪水退去，世界上只有方舟上还留有的生命。因此，现在人们常把避难场所称为"诺亚方舟"。

《诺亚方舟》描绘了人类为争夺生存空间，自相残杀，造成罪恶与苦难的一幕。

为什么说《荷马史诗》是西方文学的源头？

《荷马史诗》是《伊利亚特》和《奥德赛》的合称。《伊利亚特》记述了特洛伊战争中最后51天所发生的故事。《奥德赛》主要写奥德修在海上10年的漂游经历。《荷马史诗》保存了远古文化的真实和自然，是具有高度艺术水平的文学作品，被认为是西方文学的源头。

特洛伊战斗中传说的雕像

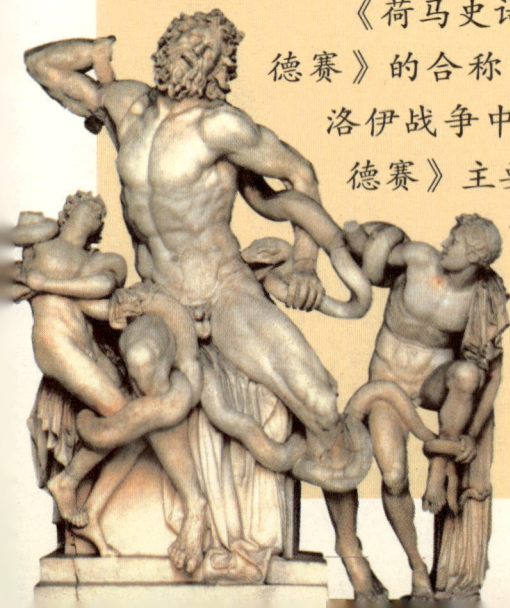

《伊索寓言》是一本什么样的书？

《伊索寓言》故事石刻

《伊索寓言》是世界上最古老的寓言集，成书于公元前6世纪左右，收集了当时古希腊广泛流传的几百则短小的寓言故事，相传作者为伊索。

《伊索寓言》中的故事多用拟人手法，形象生动，寓意深刻，反映了当时奴隶和下层人民的生活。

《龟兔赛跑》是《伊索寓言》里家喻户晓的故事。

为什么《源氏物语》被称为日本的《红楼梦》？

《源氏物语》成书于11世纪初，作者是女作家紫式部。作品描写了主人公源氏一生政治命运的沉浮及纵情声色的生活，反映了平安时代中期日本宫廷错综复杂的权势斗争和贵族糜烂的生活，从而展示了这一时期上层贵族的精神面貌。因而被誉为日本的《红楼梦》。

《源氏物语》屏风画

但丁

但丁为什么要创作《神曲》?

意大利诗人但丁生活在资产阶级与封建势力矛盾加剧的时代。但丁参加了维护资产阶级利益的圭尔弗党,但后遭终身流放。于是,但丁用十余年的心血创作了《神曲》,寄予了他的忧愤之情。内容虽以梦游地狱、炼狱、天堂三界的故事为中心,但其中的见闻大多取材于现实,因而有着强烈的现实意义。

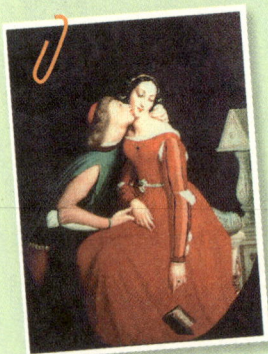

《神曲》插图

观看莎士比亚的戏剧可是当时最时髦的事哦!

莎士比亚的最高成就表现在哪几部作品上?

莎士比亚是文艺复兴时期英国的大戏剧家、诗人。在他所有作品中,四大悲剧代表了其最高艺术成就。这四大悲剧分别是《哈姆雷特》《奥赛罗》《李尔王》和《麦克白》。除了四大悲剧外,莎士比亚还创作了为人熟知的戏剧《罗密欧与朱丽叶》等众多优秀作品。

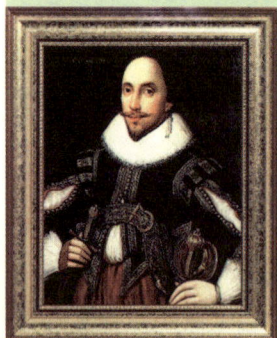

莎士比亚

《李尔王》剧照

为什么说《人间喜剧》是资本主义社会的百科全书?

19世纪法国大文学家巴尔扎克的《人间喜剧》由91部小说组成,共塑造了2400多个人物,展示了19世纪前期整个法国的社会生活,因而被誉为"社会百科全书"。全书描写了巴黎上流社会的生活,具有强烈的现实主义色彩,简直就是一部生动、形象的法国社会史。

巴尔扎克雕像

《巴黎圣母院》是怎样一部作品?

《巴黎圣母院》是法国作家雨果的大型浪漫主义小说。它描写了巴黎圣母院副主教克罗德道貌岸然,迫害吉卜赛女郎爱斯梅拉达,而面丑心善的敲钟人卡西莫多舍身相救的故事。由于作品将巴黎圣母院拟人化,并将情节场面的对照与人物的对照巧妙地融和在一起,因而被誉为是浪漫主义的一部巨著。

巴黎圣母院

123

为什么说《红与黑》是法国批判现实主义文学的奠基之作?

《红与黑》是法国批判现实主义作家司汤达的代表作,描写了主人公于连从发迹到最后被处以死刑的故事。作者通过于连的生活道路揭示了复辟王朝时期平民阶级与贵族阶级的严重对立,深刻地揭示了当时法国的社会面貌,因而被称为法国批判现实主义文学的奠基之作。

司汤达作品《红与黑》的封面

为什么列夫·托尔斯泰晚年要离家出走?

我也要去体验生活,创作小说啦!

托尔斯泰是俄国最伟大的作家,著有《战争与和平》《安娜·卡列尼娜》《复活》等作品。晚年时,面对强大的社会运动,托尔斯泰认识到了贵族的堕落和广大农民的悲惨命运。同时,对妻子儿女挥霍无度的行为深表痛恨,他在82岁高龄时,同贵族家庭决裂,独自出走,途中因病去世。

列夫·托尔斯泰

138

为什么惠特曼被称为"美国诗歌之父"？

惠特曼是19世纪美国杰出的民主主义诗人，于1850年创作了《草叶集》。《草叶集》是惠特曼的诗歌总集，具有浓郁的理想主义色彩，是美国诗歌史上一座灿烂的里程碑。此外，惠特曼创造了"自由体"的诗歌形式，节奏自由奔放。惠特曼开创了美国诗歌的新时代，因此被称为"美国诗歌之父"。

美国诗歌之父惠特曼

惠特曼

单脚站着就可以写出好文章了吗？我也要试试！

海明威写作时总是喜欢单脚站着。

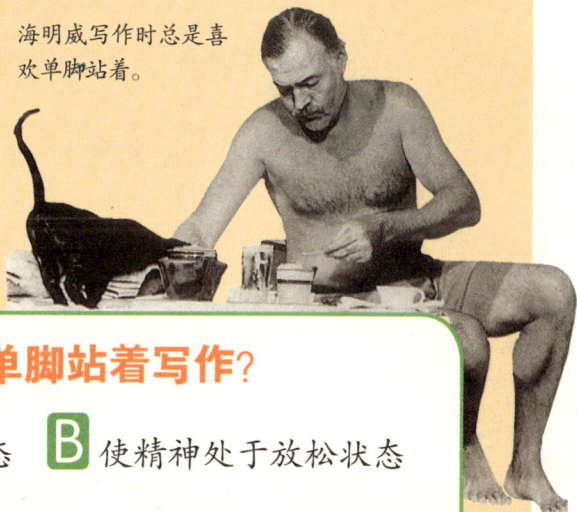

为什么海明威喜欢单脚站着写作？

A 使精神处于紧张状态　　**B** 使精神处于放松状态

这个问题的答案是A。海明威曾说过："站着写，使我处于一种紧张的状态，让我尽可能简短地表达自己的思想。"海明威就是这样成功地创作了《丧钟为谁而鸣》《老人与海》等著作。

为什么说《诗经》是我国最早的诗歌总集？

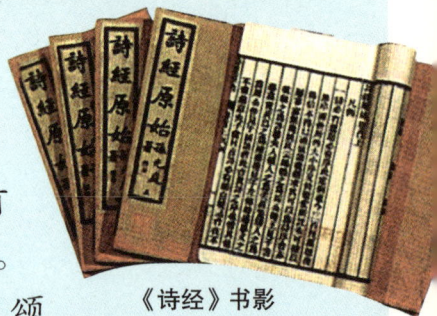

《诗经》是中国最早的诗歌总集。它收集了从西周初年(约公元前11世纪)到春秋中叶(公元前6世纪)大约500年间的305首诗歌。

《诗经》书影

《诗经》包括风、雅、颂三类，在形式基本上是四言诗，普遍运用赋、比、兴的手法。《诗经》开创了中国诗歌的优秀传统，影响深远。

为什么司马迁要忍辱著《史记》？

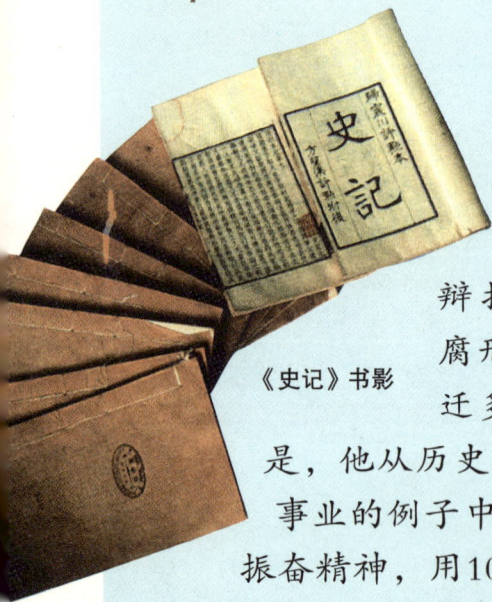

《史记》书影

司马迁是西汉的史学家。由于为战败的李陵辩护，司马迁被处以腐刑。受刑后，司马迁多次想到自杀，但是，他从历史上许多人发愤成就事业的例子中受到了鼓舞。他振奋精神，用10年的时间写成了《史记》。《史记》详细地记述了从传说中的黄帝至汉武帝时期共计3000多年的历史，史学价值极高。

司马迁

为什么称李白为"诗仙"？

李白，字太白，祖籍陇西成纪(今甘肃秦安西北)，是盛唐伟大的浪漫主义诗人。他所写的诗歌内容广泛，代表作有《蜀道难》《行路难》《将进酒》等。李白的诗气势磅礴、想象丰富、雄奇飘逸、手法夸张、语言清新，充满着超尘脱俗的浪漫主义情调。因而他被后人奉为"诗仙"。

李白的诗浪漫飘逸，他可是我的偶像呢！

太白醉酒图

为什么称杜甫为"诗圣"？

杜甫，字子美，祖籍襄阳(今湖北襄樊)，是唐朝伟大的现实主义诗人。代表作有《石壕吏》《新婚别》等。杜甫经历了唐朝由盛转衰的变化，仕途失意，生活困顿，因此他的作品沉郁顿挫，寄意深远，对人民的苦难表现出深刻的同情。具有丰富的社会内容、鲜明的时代色彩。因而他的诗被后人称之为"诗史"，他本人也被誉为"诗圣"。

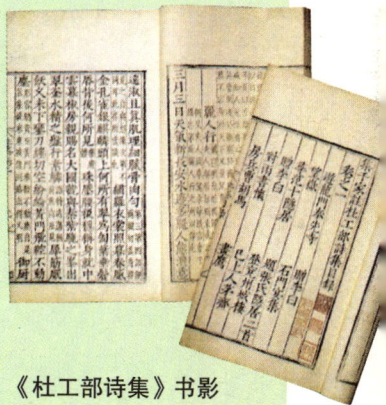

《杜工部诗集》书影

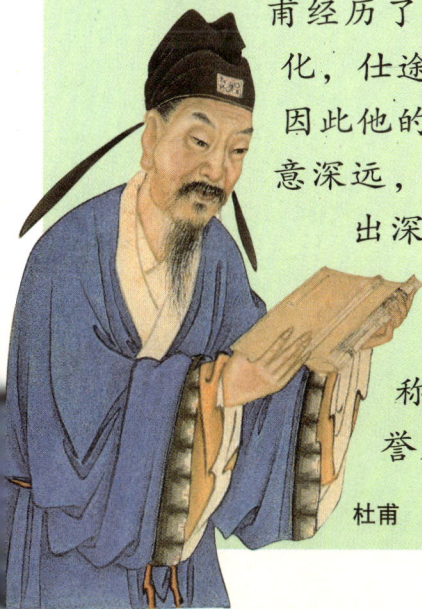

杜甫

127

人们用什么来记录音乐？

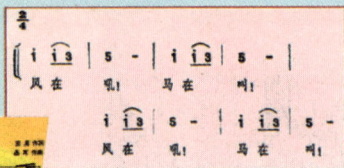

音乐要用一种专门的符号来记录，这就是乐谱。人们现在经常使用的乐谱有五线谱和简谱。有了乐谱，作曲家就能把自己创作的曲子记录下来，后来的人们也能通过乐谱把它演奏出来。在乐队中，每个成员面前都有一张乐谱，人们只有看着相同的乐谱，奏出来的音乐才会协调。

五线谱上的"小蝌蚪"是什么？

五线谱上小蝌蚪状的东西是一个个音符。音符由三个部分组成：符头、符干和符尾。符头是一个空心或实心的椭圆形标记，记在五线谱的线上和间内；符干是朝上还是朝下要根据符头的位置来决定；符尾永远都在符干的右边，并翘向符头的方向。

符尾
符尾总是弯向符头。

符头
符头有空符头与实符头的分别。

符干

Do-mi-nus De-us Sa - ba-oth

连音符

第五线
第四间
第四线
第三间
第三线
第二间
第二线
第一间
第一线

五线谱的组成

符杠
几个符干共同的符尾。

128

钢琴是如何发音的？

琴盖

钢琴的内部装有钢板，钢板上系着无数条紧绷着的金属弦，每根弦都对应着一个小木槌。当按下钢琴键盘中的某一个键时，小木槌就会弹起并敲击某一根弦，发出动听的声音；当手指离开琴键时，被称为"制音器"的毡块就会落下来，使琴弦停止振动，不再发出声音。

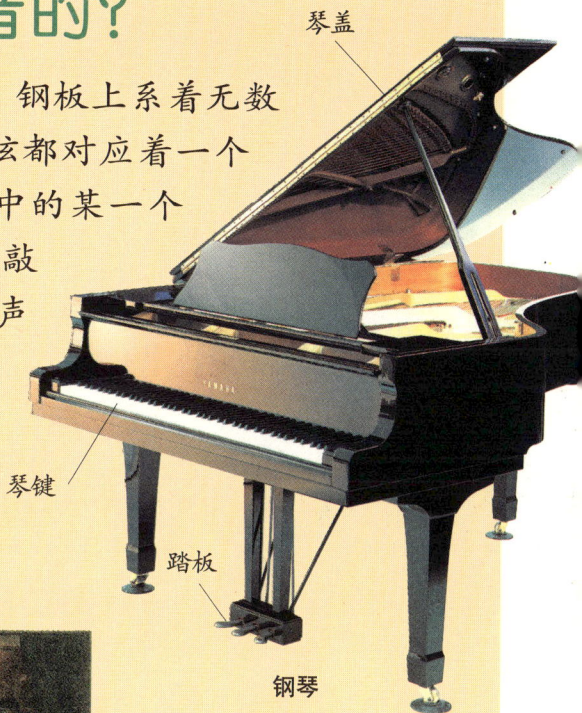

琴键

踏板

钢琴

钢琴的表现力让听众如痴如醉。

我的演奏也不错吧！

"乐器之王"指的是什么？

A 钢琴   **B** 小提琴

这个问题的答案是A。号称"乐器之王"的是钢琴。钢琴音域宽广，音色变化丰富，能表达不同的音乐情绪。它可以独奏，也可为其他乐器伴奏，是乐器家族最重要的成员。

为什么说音乐家莫扎特是"神童"？

莫扎特（1756~1791）是18世纪伟大的奥地利音乐家。他3岁时就能在钢琴上弹出和谐的琴声；4岁时开始学习钢琴和小提琴；5岁时，他已经开始练习作曲了；6岁时，他在父亲的带领下去维也纳登台公演，引起了巨大的轰动。由此看来，莫扎特是当之无愧的音乐神童。

莫扎特

"音乐神童"莫扎特自小就有极高的音乐天赋。

为什么失聪的贝多芬能成为"乐圣"？

德国音乐家贝多芬（1770~1827），从小就显露出了过人的音乐天赋。22岁时，他来到维也纳，开始了钢琴演奏和作曲的生涯。不幸的是，在28岁时，他的听力开始衰退，50岁左右时就什么都听不到了。但他凭借坚强的毅力和对音乐的无限热爱，创作出了一大批流传后世的伟大音乐作品，赢得世人尊敬，并被称为"乐圣"。

浪漫主义音乐之父——贝多芬

琵琶是怎么来的?

大约在秦朝时,中国开始流行一种圆形带柄的木制乐器。乐器上有弦,弹拨时可发出悦耳的声音。根据弹奏的方法,人们就叫它"批把",后改称"琵琶"。南北朝时,有人把一种四弦的西域乐器与琵琶结合起来,改制成新式琵琶。经过历代不知多少艺术家的改进,终于形成了今天的四相十三品和六相二十四品两种琵琶。

唐朝时的五弦琵琶

任何乐器演奏的古曲我都喜欢听!

中国古典十大名曲有哪些?

中国古代有许多优秀的音乐家和乐师,他们创作出了流传千古的曲子,其中以古典十大名曲最为著名。这十首名曲分别是:《高山流水》《广陵散》《平沙落雁》《梅花三弄》《十面埋伏》《夕阳箫鼓》《渔樵问答》《胡笳十八拍》《汉宫秋月》和《阳春白雪》。

古曲演奏

绘画艺术是怎样产生的？

石器时代的画

最早的绘画是原始人类从劳动生活中模仿来的。很久以前，人们还不会写字的时候，就开始画画了。那时的画很简单，画面也都是当时人们的日常生活，如猎人打猎的场景等。因为当时人们主要靠捕捉动物获取肉类食物，所以经常用画来表现打猎的情景。

拉斯科岩洞里的画

为什么油画要立在画架上？

油画画在一种叫做"油画布"的特制布上。和中国传统绘画方式不一样的是，油画布不是铺在桌子上的，而是被紧紧地绷在画框上。这主要是为了便于作画。画家作画时，一手执调色板，一手拿着油画笔，往往是先画几笔，然后退后几步看看画面效果，所以油画要立在画架上画。

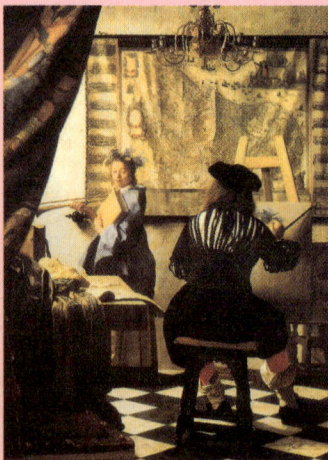

一位画家正在画框前作画。

这幅新作品怎么远看近看都这么美呢，呵呵！

为什么色彩有冷、暖之分？

画家们根据颜色的视觉效果，以海洋和太阳为样板，把色彩分成了冷暖两个大类。凡是靠近海洋的色彩，如蓝色、青色、绿色等为冷色；靠近太阳的色彩，如红色、橙色、黄色等则为暖色。画家掌握好运用冷暖关系的规律，便能创作出奇妙的画面。

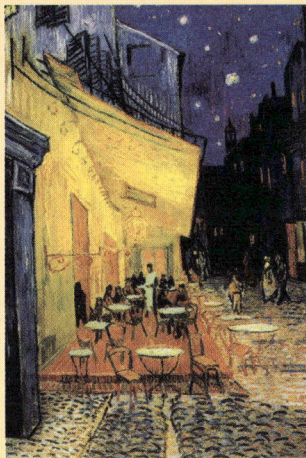

这幅作品巧妙地运用了冷暖两色的效果。

为什么红、黄、蓝被称做三原色？

我们知道，把不同的颜色调到一起，就能配出无数种颜色。如果你有一套12色的水彩颜料，用其中的黄色、蓝色和红色试着调色，就会发现这三种颜色可以配出绿色、橘色和紫色，可用绿色、橘色和紫色却无法配出红、黄、蓝三色。所以红、黄、蓝被人们称为"三原色"。

图中的红、黄、蓝被称作"三原色"。

《蒙娜丽莎》的微笑为什么那么迷人？

达·芬奇

《蒙娜丽莎》是达·芬奇最出色的肖像画之一。据说，画中人的小女儿当时刚刚过世，她十分悲伤，达·芬奇在给她画像时，用奏乐、唱歌、说笑话等各种办法想让她露出笑容。画面上的蒙娜丽莎面部安详，一丝淡淡的微笑刚刚能让人探究到，但又捉摸不定，因此被人们称为"神秘的微笑"。

《蒙娜丽莎》

为什么说凡·高的《向日葵》充满了激情？

19世纪伟大的艺术巨匠凡·高（1853~1890），有着火一般炽热的情感和强烈的艺术气质。在代表作《向日葵》中，凡·高以精短的笔触把向日葵的颜色画得极其刺眼，细碎的花瓣和葵叶像火苗一样布满画面。整幅画就像是燃遍画布的熊熊火焰，表现出画家狂热的生命激情。

《向日葵》

号称"画圣"的画家是谁?

被誉为"画圣"的是唐代著名的画家吴道子。吴道子（686~760）才华出众，不到20岁时就已经很有成就了。他画人物的衣带，让人有微风拂面的感觉，故他的画风有"吴带当风"的美誉。吴道子的画风、画技对后世影响极大，因此他被人们尊称为"画圣"。

吴道子

嗯！这幅画飘逸洒脱，一看便知是出自"画圣"之手！

《清明上河图》是怎样的一幅画?

《清明上河图》是北宋宫廷画家张择端的伟大作品。这是一幅长卷画，它的宽度为25.5厘米，长度为525厘米。画面描绘了北宋时期都城汴京（今河南省开封市）地区清明时节赶集的情景，反映了北宋年间的民风、民情和民俗，是一幅风俗长卷。

《清明上河图》

雕塑为什么被称为"静止的舞蹈"？

雕塑是指使用刀、钻、铲子和凿子等工具，并采用玉、石、木材、黏土、金属等材料塑造出来的艺术形象。除了"雕"和"塑"外，还要运用刻、堆、焊、敲击等多种手段制造。雕塑因为是立体的、可以触摸的和凝固的，所以被称为"三度空间艺术"，也被誉为"静止的舞蹈"。

雕塑作品《浴女》

圆雕和浮雕有什么区别？

雕塑主要分为圆雕和浮雕两种，这两种类型的雕塑有明显区别。浮雕是在平整的石头上雕刻出突起的形象，并且只能从正面欣赏。而圆雕是不依附于任何背景的立体雕塑，它一般是把整块石头雕刻成为一个完整的形象，可以从前后左右各个方向欣赏。

浮雕

圆雕《牧神被孩子嬉戏》

《掷铁饼者》为什么会有一种强烈的动感？

《掷铁饼者》是古希腊雕塑家米隆的杰作。作者选择了能够概括整个掷铁饼者运动过程中最突出的一个姿态，把它固定下来，给人强烈的运动连续感和节奏感。同时，高举的铁饼有一种下滑的趋势，因此又产生了即将转向新的运动的感觉。这尊雕像充分表现了运动员的健美、青春和力量。

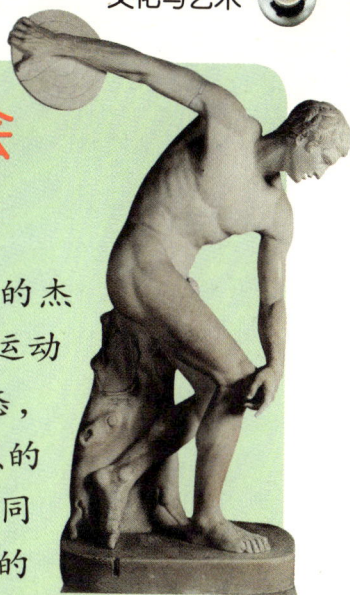

> 这件雕塑好像是活的一样。

掷铁饼者

《米洛岛的维纳斯》雕像为什么没有手臂呢？

在米洛岛发现的维纳斯雕像，下半身厚重稳定，上半身秀美动人，女神的姿势非常美妙，显得纯净典雅。可是这尊雕像的两只手臂在出土时已经折断。人们想为雕像配上手臂，可不论以什么方式，都有画蛇添足的感觉，最后，人们一致认为还是保留雕像出土时没有手臂的样子。

> 啊，作品终于要完成了！

米洛岛的维纳斯

137

美洲丛林里的巨石人头像是什么样的？

1938年，一支考古队在墨西哥海湾附近的森林里发现了11颗巨石人头像。这些头像由整块玄武岩雕成，最大的一个重达30吨，高3米左右，鼻子扁平，嘴唇厚大，眼睛呈扁桃状，头戴一顶装饰有花纹的头盔。据考察，石像是距今约3300年前的奥尔梅克人雕成的。

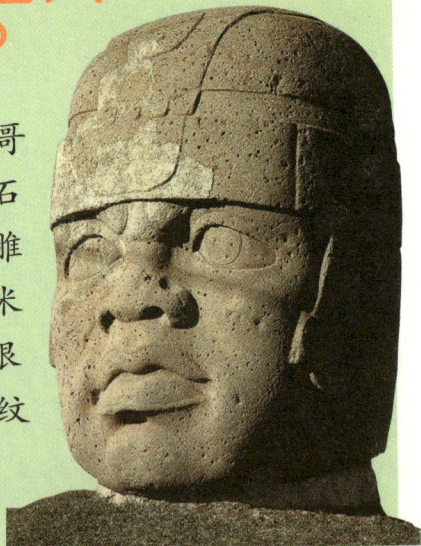

奥尔梅克巨石人头像

复活节岛上的巨石像是什么样的？

复活节岛是南太平洋上的一个孤岛，岛上面海而立着一群巨石人像。石像由整块火山岩雕刻而成，有着巨大的脑袋，长长的高鼻子，深凹的眼睛，垂肩的大耳朵和突出的嘴唇。有些石像顶部还有一块红色的岩石，仿佛是一顶帽子。至今为至，人们还没弄清这些石像的确切来历。

复活节岛上的巨石雕像

为什么秦始皇兵马俑被誉为"世界第八大奇迹"？

秦始皇兵马俑出土于陕西的骊山脚下，是秦始皇的陪葬品，这些陶俑再现了2000多年前军队的样子。6000多座和真人大小相近、神态各异的陶塑士兵，以及仿真的车马，都按照秦朝军阵的样子排列。兵马俑以宏伟的规模与和谐的整体被世人誉为"世界第八大奇迹"。

秦俑坑可以同埃及金字塔和古希腊雕塑相媲美，是世界人类文化的宝贵财富。

为什么说莫高窟是丝绸之路上的艺术殿堂？

莫高窟，俗称"千佛洞"，是中国历史上开凿最早的洞窟，遗存至今的彩塑作品有3000余尊。莫高窟中的佛塑作品融会了各类技巧手法，保存了各个时期佛教艺术的风格面目。它位于古代"丝绸之路"的重镇敦煌，因此被誉为丝绸之路上的艺术殿堂。

太漂亮了，莫高窟真是个艺术宝库啊！

莫高窟

139

呵呵，我要把这些"石头的史书"都拍下来！

为什么说建筑是"石头的史书"？

最早的建造是用来遮风挡雨的，随着人类对美的要求的不断升级，建筑在保留实用性的前提下，也成为了艺术创造。历代建筑艺术不仅记录了当时的建筑技术水平，同时也记录了古代的政治与历史。因此欧洲人把古代建筑称做"石头的史书"。

这片断壁残垣，记录着历史的兴衰更替。

美洲金字塔与埃及金字塔有何不同？

平顶的美洲金字塔

中美洲地区有许多古老的金字塔。与作为法老陵墓的尖顶埃及金字塔不同，平顶的美洲金字塔是古代印第安人为举行宗教活动而修建的祭坛。古代印第安人认为，只有登上高处才能更接近神灵。所以，他们的祭坛有许多层，从下往上一层比一层小，这就是我们今天看到的美洲金字塔。

埃及的金字塔

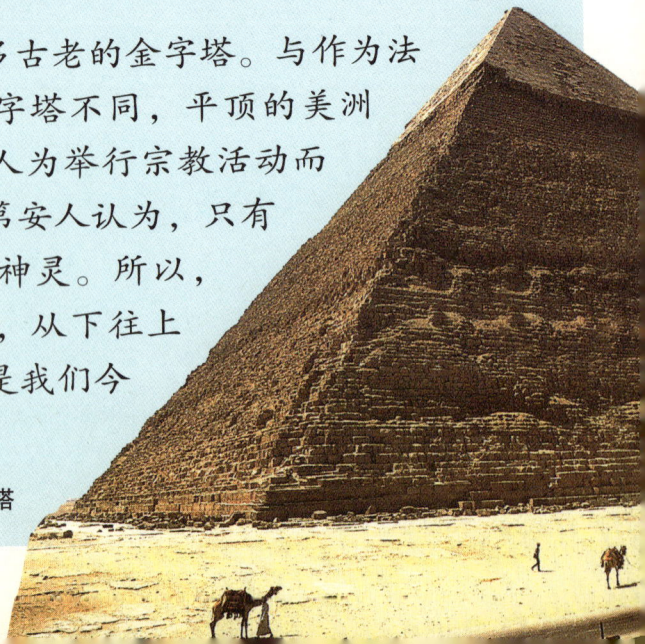

古代最大的圆顶建筑在哪里？

古罗马时期，依靠雄厚的物质力量和新发明的混凝土，罗马的建筑变得更加宏伟、壮丽，罗马万神庙就是其中的杰出代表。万神庙是古罗马城中心供奉众神的殿堂，直径与高度均为43.43米，上覆直径同样是43.43米的大圆顶，是现代建筑结构出现以前，世界上最大的圆顶建筑。

著名的罗马万神庙

法国第一座哥特式教堂是哪一座？

巴黎圣母院是法国第一座哥特式教堂。它广泛运用尖拱券、小尖塔、立柱以及彩色玻璃窗，给人一种神秘的幻觉。整个教堂建造历时182年，其后又多次加以重建。历代建筑工作者都在其中倾注了自己的才华和心血，留下了许多古建筑艺术的珍品。

巴黎圣母院是欧洲早期哥特式建筑和雕刻艺术的杰出代表。

141

西欧最大的宫殿是哪一座？

　　法国的凡尔赛宫是西欧最大的宫殿。它位于巴黎西南23千米的地方，全宫占地111万平方米，由宫殿和花园组成。宫殿建筑气势磅礴，布局严密、协调，500多间大殿小厅处处金碧辉煌，豪华非凡。宫殿前的法兰西式大花园风格也非常独特，是世界最著名的大花园之一。

美丽的凡尔赛宫

悉尼歌剧院为什么被称为"混凝土的艺术"？

　　澳大利亚悉尼歌剧院是20世纪最具特色的建筑之一。它采用清水混凝土工艺，体现了一种"素面朝天"的品位，看似简朴，其实比金碧辉煌更具艺术效果。那别出心裁的屋顶，犹如迎风鼓起的白色风帆，整个建筑就像一艘乘风破浪的大帆船，称得上是生动的"混凝土的艺术"。

帆船式的悉尼歌剧院

为什么说故宫是世界上最宏伟的宫殿?

故宫,旧称紫禁城,始建于1406年,是明清两朝的皇宫。故宫占地72万多平方米,有宫殿8000多间,多是木结构殿宇,黄琉璃瓦顶、青白石底座,装饰着金碧辉煌的彩画。其规模之大、风格之美、建筑之辉煌、陈设之豪华,都是世界少有,因而被认为是世界上最宏伟的宫殿。

雄伟的故宫

终于要见到布达拉宫了,太好了!

布达拉宫里到底有多少间屋子?

布达拉宫位于西藏拉萨市红山上,是西藏现存最大、最完整的宫堡式建筑群。它是公元7世纪时松赞干布为迎娶文成公主而修建的,后来毁于战火。现今的布达拉宫是1645年开始重建的,高117米,占地41万平方米,内有宫室999间,加上顶层的一间佛堂,一共有1000间房屋。

布达拉宫

芭蕾舞演员为什么要用足尖跳舞呢？

芭蕾的美是和女演员的足尖舞技分不开的。其实，芭蕾舞刚刚出现时并不用足尖跳舞，直到1832年3月12日，芭蕾舞剧《仙女》在巴黎歌剧院首次演出时，女主角玛丽·塔里奥尼以足尖略过地面那种轻盈欲飞的姿态倾倒了在场所有的观众，这种优美的舞蹈动作就一直沿用了下来。

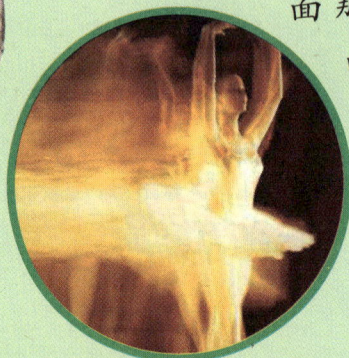

芭蕾舞女演员飘飘欲飞的美丽舞姿。

《胡桃夹子》为什么能成为少年儿童喜爱的芭蕾舞剧？

A 互动性强　　**B** 取材于童话

《胡桃夹子》中的舞者

这个问题的答案是B。《胡桃夹子》是根据霍夫曼的童话改编的芭蕾舞剧，该剧神奇梦幻的童话色彩，表现了憧憬欢乐友爱和高尚道德的美好童心，深受孩子们的喜爱。

144

为什么说龙舞是中华民族精神的象征？

在古代，中国人将"龙"奉为神灵，每次求雨祭祀时人们都要做个龙的模型，向它膜拜献舞，这一仪式逐渐演变成一种舞蹈形式——龙舞。在舞蹈中，人们结合舞蹈道具通过展现龙翻江倒海的雄伟气势，体现出中华民族英勇豪迈的性格和气魄。因此，龙舞被看做中华民族精神的象征。

龙舞

为什么傣族人民喜欢跳孔雀舞？

我为大家表演的，是我们傣族代代相传的孔雀舞哦！

傣乡素有"孔雀之乡"的美称，在傣族人心中，孔雀是美丽、善良、吉祥、幸福的象征，因此每逢佳节，傣族人民都要汇聚一堂，观看由民间艺人表演的根据民间故事、神话传说、佛经故事等编成的孔雀舞，以及表现孔雀生活习性的舞蹈。

喜欢跳孔雀舞的傣族人民

145

为什么把戏曲演员称为"梨园弟子"？

唐明皇李隆基非常喜欢戏曲，有一次为此还耽误了国事。他非常恼怒，下令把戏班子全赶出京城。可是宰相只把戏班秘密地迁到御花园的一处梨园里，等皇帝气消了又带他去看戏。唐明皇一边听戏一边赏花，一时高兴就写下了"梨园弟子"这4个字，这也就成了戏曲演员的代称。

戏曲演员又被称为"梨园弟子"。

我这一招一式里可都是真功夫！

京剧

为什么称京剧为"国剧"？

A 京剧的历史悠久　　**B** 京剧艺术水平高

这个问题的答案是B。京剧是在徽戏和汉调的基础上，吸收了昆曲、秦腔等一些戏曲剧种的优点，集各家大成于一身，演变形成的一种相当完整的艺术风格和表演体系，因而被称为"国剧"。

戏曲表演中的基本功是什么?

唱、念、做、打是戏曲表演中的基本功,习惯上称为"四功"。其中,"唱"就是演唱;"念"是念白,它要讲究韵律和节奏,要像音乐那样动听;"做"就是表演技巧,一般指舞蹈化的形体动作;"打"就是经过舞蹈处理的武打动作。这4种表演手段互相结合,形成了戏曲表演的鲜明特点。

戏剧中的武打场面

戏曲演员的一招一式都是刻苦练习的成果。

"四大名旦"是选出来的吗?

四大名旦指的是梅兰芳、荀慧生、程砚秋和尚小云4位杰出的旦角表演艺术家。四大名旦的提法大约形成于1924年或1925年。在一次同台表演堂会戏《四五花洞》时,4人在演唱艺术上旗鼓相当难分高低,因此有了"四大名旦"的说法。

四大名旦

147

这部电影真是太好看啦!

电影的语言是什么?

电影的语言依赖于镜头。电影是由银幕上的画面构成的,这一幕幕的画面就是镜头。镜头有长有短,有快有慢,要根据所要表达的内容而定。不过电影镜头拍摄时不是按照剧情的顺序来的,而是根据场景把每一个场景内的镜头都拍完,最后再剪辑组合成完整的影片。

现代高科技电影的拍摄场面

蒙太奇手法究竟是什么?

根据需要将不同的镜头、场面、段落剪切组接起来,这种手法就叫蒙太奇。第一个使用蒙太奇手法的是美国导演格利菲斯,他首先尝试把几组不同场景、内容的镜头组接在一起,结果获得了意想不到的好效果。后来,这种手法便被广泛地推广开了。

在经典影片《波特金号战舰》中,导演爱森斯坦使用了多种蒙太奇手法。

为什么好莱坞会成为世界影都?

　　好莱坞位于美国洛杉矶郊区,那里气候条件好,非常适合在露天搭布景和建摄影棚,而且那里风光秀丽,具有拍摄各种外景的自然条件。自20世纪起,美国的各大电影制片商纷纷涌到好莱坞建立拍摄基地,并取得了巨大成就。好莱坞也因此成了世界影都。

世界影都——好莱坞

中国的"电影皇后"是谁?

电影《姊妹花》剧照

　　在中国电影界,第一位影后是胡蝶(1908~1989)。她自1928年从影以来,主演了多部影片,红极一时,被电影界一致评选为"电影皇后"。在代表作《姊妹花》中,她一人饰两角,把两个不同身份、不同性格的女性刻画得非常成功,成为了电影表演艺术的一次创新。

第五章

STUDENTS BOOKS

体育与国家
TIYU YU GUOJIA

"更快、更高、更强"是奥林匹克运动的精神，是体育的灵魂，也是人类向自身极限发出的挑战。体育的魅力令世人为之倾倒，本章将为你讲述体育的起源与发展。世界上共有近200个国家，每个国家都有自己的独特之处，从浪漫的法国到美丽的荷兰，从古老的埃及到神秘的泰国，本章会带你尽情享受各国的自然之美与风俗之奇……

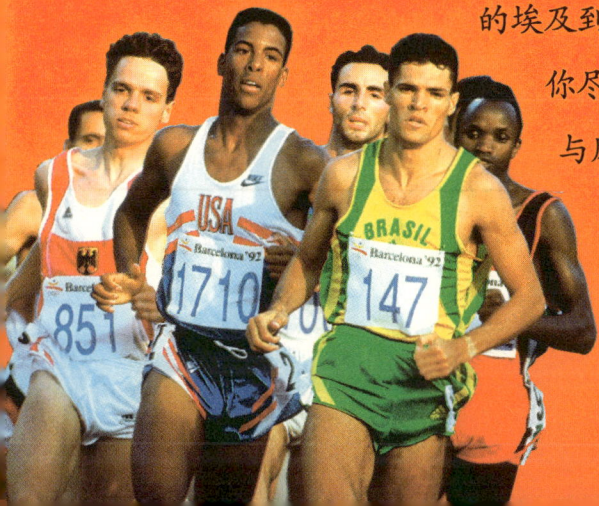

为什么会有奥林匹克运动会?

第26届奥运会开幕式

传说,古希腊的各个城邦,每到夏季都要在风景优美的奥林匹亚村祭祀万神之主宙斯,并进行运动竞技,古代奥林匹克运动会由此而来。后来罗马帝国入侵希腊,运动会也被废止。时隔千年之后,法国教育家顾拜旦在1896年举办了第一届现代奥林匹克运动会。此后奥运会每4年举行一次。

1896年,第一届现代奥林匹克委员会在雅典开会。

为什么奥林匹克运动会以五色环为标志?

Beijing 2008

北京2008年奥运会会徽

1914 年,顾拜旦设计的五色环标志在第6次国际奥林匹克代表大会上得到批准。五色环由5个不同颜色互相套接的圆环和"更快、更高、更强"的格言构成,圆环分别为蓝、黑、红、黄、绿5种颜色,象征着五大洲的团结与全世界运动员公平坦率地在奥林匹克运动会上相聚。

五色环

哇，就要举行圣火点燃仪式了！

为什么奥运会有传递和点燃"圣火"的仪式？

传说，普罗米修斯为了解救人间饥寒的百姓，将天火盗出，送到人间，自己却受到了严厉的处罚。为了纪念普罗米修斯，人们制成火炬来传递火种，并把火炬作为光明、勇敢和威力的象征。为了把奥林匹克精神永远继承下去，人们在奥运会上设立了点"圣火"的仪式。

取火仪式

为什么比赛前要检测兴奋剂？

1961 年，在罗马奥运会的自行车比赛中，丹麦运动员詹森因服用大量兴奋剂而突然死亡。国际奥委会由此意识到体育比赛中服用兴奋剂的危害，从而做出规定：禁止在任何比赛中使用兴奋剂，违反该规定的运动员将被取消比赛成绩并给予禁赛。此后，体育比赛前都要检测兴奋剂。

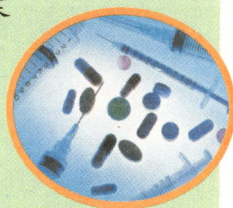

赛前对兴奋剂的检测对比赛很重要。

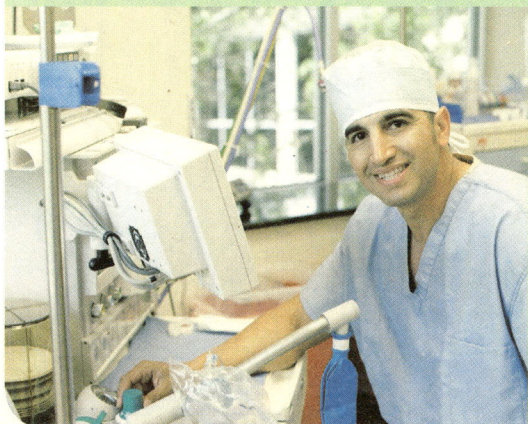

为什么奥地利被称为"音乐王国"？

世界著名的音乐大师海顿、莫扎特、贝多芬和舒伯特等人都曾在奥地利生活过。他们在这里谱写了无数优美的乐章。而作为"世界音乐之都"的奥地利首都维也纳，每年都要举行盛大的国际性音乐节，世界各地的音乐爱好者欣赏世界一流的歌剧和音乐会，所以人们称奥地利为"音乐之国"。

莫扎特雕像

为什么德国被称为"啤酒王国"？

到德国一定要品尝啤酒哦！

德国啤酒不但质量高，而且厂家数量和啤酒品牌也非常多。根据官方统计，德国拥有1274家啤酒厂，生产的啤酒种类超过5000种。德国人十分喜爱喝啤酒，人均年消耗量为112千克。此外，德国人每年都举行"慕尼黑啤酒节"，吸引着全世界的访客。因此，德国被称为"啤酒王国"。

德国人非常喜欢喝啤酒。

法国卢浮宫内的阿波罗画廊

为什么法国被称为"浪漫之国"？

法国是个富有艺术情调的国家。法国人民以独特的方式形成了独特的法兰西文化。如极富情调的巴黎"街头艺术"是普通人展示自己的舞台，人们可以随意在露天画廊留下作品，或是随时组织起一场街头音乐会。如果说巴黎是"浪漫之都"的话，那么法国就是享誉世界的"浪漫之国"。

法国的"街头艺术"极富特色。

为什么澳大利亚被称为"骑在羊背上的国家"？

18世纪后期，欧洲移民第一次将29只美利奴羊带往澳大利亚。由于那里草原广阔，气候干燥，适于绵羊的繁殖生存，因此这种家畜便迅速地繁殖起来。目前，澳大利亚羊毛的产量和出口量均居世界首位。所以，人们称澳大利亚为"骑在羊背上的国家"。

澳大利亚的羊真是像云朵一样多呢！

澳大利亚的牧场工人都有一手剪羊毛的绝技。

第六章

STUDENTS BOOKS

营养与健康

YINGYANG YU JIANKANG

进入21世纪，人们日益注重自身的健康，把健康作为生活的一个重要内容。合理的营养与健康的生活方式成为优质生活的基本标志。因此，人们开始考虑：什么样的饮食才是营养的？什么样的生活方式才是健康的？我们在日常生活中应该注意哪些健康问题……这些问题看似很小，却对我们的生活有很大的帮助。

为什么要提倡平衡膳食？

所谓平衡膳食，就是指所吃食物种类要齐全、互相取长补短。不同的食物含有不同的营养素，单一食物的营养成分是无法满足人体需要的。例如，鸡蛋虽然含有丰富的蛋白质，但不含维生素C；蔬菜含维生素和矿物质较多，但提供的热量太少。所以各类食物都要吃，真正做到平衡膳食，增进健康。

平衡膳食要求每天保证应有粗细粮搭配的主食，以及鱼、肉、蛋、水果和蔬菜等几大类食物。

要均衡摄入营养，才能健康成长哦！

人体最需要的三大营养物质是什么？

人体最需要的三大营养物质是蛋白质、糖类和脂肪。蛋白质对细胞的修复和分裂起着非常重要的作用，可以说没有蛋白质就没有生命。糖类主要供应人体热量，大脑特别需要葡萄糖提供的营养。脂肪是人体中储存的能量，当糖类供应不足时，脂肪就会转化成糖类，为身体提供热量。

人体所需要的营养物质大多是从饮食中摄取的。

这杯豆浆还没有煮熟，不能喝啦！

为什么没煮熟的豆浆不能喝？

豆浆含有丰富的营养，但是食用没有煮熟的豆浆，却会使人出现恶心、呕吐、腹痛、腹胀和腹泻等症状。因为生的大豆中含有胰蛋白酶抑制物、细胞凝集素和皂素等物质，这些物质有毒且比较耐热。因而，一定要将豆浆煮沸5～10分钟后，才能将有毒物质彻底破坏。这时豆浆中的营养也最易被吸收。

豆浆要煮熟之后才能喝。

为什么早上起来不要空腹喝牛奶？

早上起来空腹饮用牛奶会稀释胃液，影响胃的消化。同时，牛奶为液体，在胃肠道滞留时间较短，营养成分难以充分吸收，所以最好与面包等同时食用。此外，牛奶中含有安神助眠的物质，如果在早晨空腹喝一杯牛奶，可能会使人在上午出现疲劳感，从而影响工作和学习效率。

我可是吃过东西才喝的牛奶哦！

空腹喝牛奶影响消化，不利于健康。

图书在版编目（CIP）数据

中国青少年最想知道的十万个为什么：全2册 ／ 龚
勋编著．－北京：人民武警出版社，2012.5
（中国青少年枕边书）
ISBN 978-7-80176-767-7

Ⅰ．①中… Ⅱ．①龚… Ⅲ．①科学知识－青年读物②
科学知识－少年读物 Ⅳ．①Z228.2

中国版本图书馆CIP数据核字（2012）第088631号

中国青少年最想知道的十万个为什么（人类社会卷）

主编：龚勋

出版发行：人民武警出版社

社址：（100089）北京市西三环北路1号

发行部电话：010-68795350

经销：新华书店

印制：北京楠萍印刷有限公司

开本：787×1092　1/16

字数：150千字

印张：10

版次：2012年5月第1版

印次：2012年5月第1次印刷

书号：ISBN 978-7-80176-767-7

定价：59.80元（全两册）

ZHONGGUO QINGSHAONIAN ZUIXIANG
ZHIDAO DE SHIWAN GE WEISHENME

中国青少年最想知道的

十万个为什么

[自然科学卷]

总策划／邢 涛　　主编／龚 勋

人民武警出版社

快乐认知　享受阅读

世界儿童基金会　林喜富

　　孩子们到了上小学前后的年龄，开始接触各种各样的知识。这些知识进入他们头脑的方式和过程，会对他们今后的思维模式、审美习惯以及判断能力等方面产生决定性的影响。

　　家长在这个关键阶段应该把握好培养孩子的绝佳机会。一套优秀的少儿读物，在此时就能给家长帮上很大的忙，解决很大问题。比如这套"中国青少年枕边书"。翻开书页，你会发现这套书的整体设想既成熟又新颖：从知识结构上囊括了自然科学和人文科学的各个主要领域，让孩子在知识建构的基础阶段全面吸收有益营养；从体例设置上将严肃刻板的知识点巧妙拆解，独具创意地组合成吸引孩子主动动脑、立体思维的版面样式；针对孩子的注意力难以长时间集中的特点，这套书的每一段内容便精心设成刚好适合孩子有效阅读的科学长度，在设计上巧妙地将文字、色彩和图形结合，让孩子阅读时始终处于轻松快乐的阅读环境之中。

　　丰富有趣的知识内容、灵活新颖的学习方式，让孩子们逐渐形成良好的阅读习惯，培养开放式的思维模式，在未来社会的国际化竞争中永远领先！

全面培养　均衡发展

中国儿童教育研究所 陈勉

　　少儿时期相当于一个人"白手起家"的时候，每一分收获都无比宝贵，印象深刻。虽然后来又不断上学系统学习，成年人真正用上的知识其实很多都是少儿时期的"原始积累"。所以这一时期孩子读到的东西，必须是高质量的。

　　这套"中国青少年枕边书"着眼点在于孩子的"成长"，在编撰时较好地照顾了孩子的接受程度。知识虽是好东西，但也非越深越好，过深的内容孩子吸收不了，反而容易产生厌倦或畏惧，知识也会成为死知识，并不能对孩子的心智健康成长有所帮助。适合孩子的才是最好的。

　　这套书是一个全面、完整的综合性系列，共有三十多种，内容上既囊括了宇宙奥秘、动物世界、历史文明等百科知识，又有塑造孩子健全人格、培养孩子优良品德的中外经典故事。这些内容充分满足了孩子心智发育成长中所需要的各种养分，使孩子能够健康、均衡发展；具体材料的选取上，从历史观点到科学理论，充分利用各个领域最新的学术成果、最新的信息数据，让孩子能够紧跟世界发展的脚步。这样的少儿读物，值得让孩子认真阅读，收获一定不小。

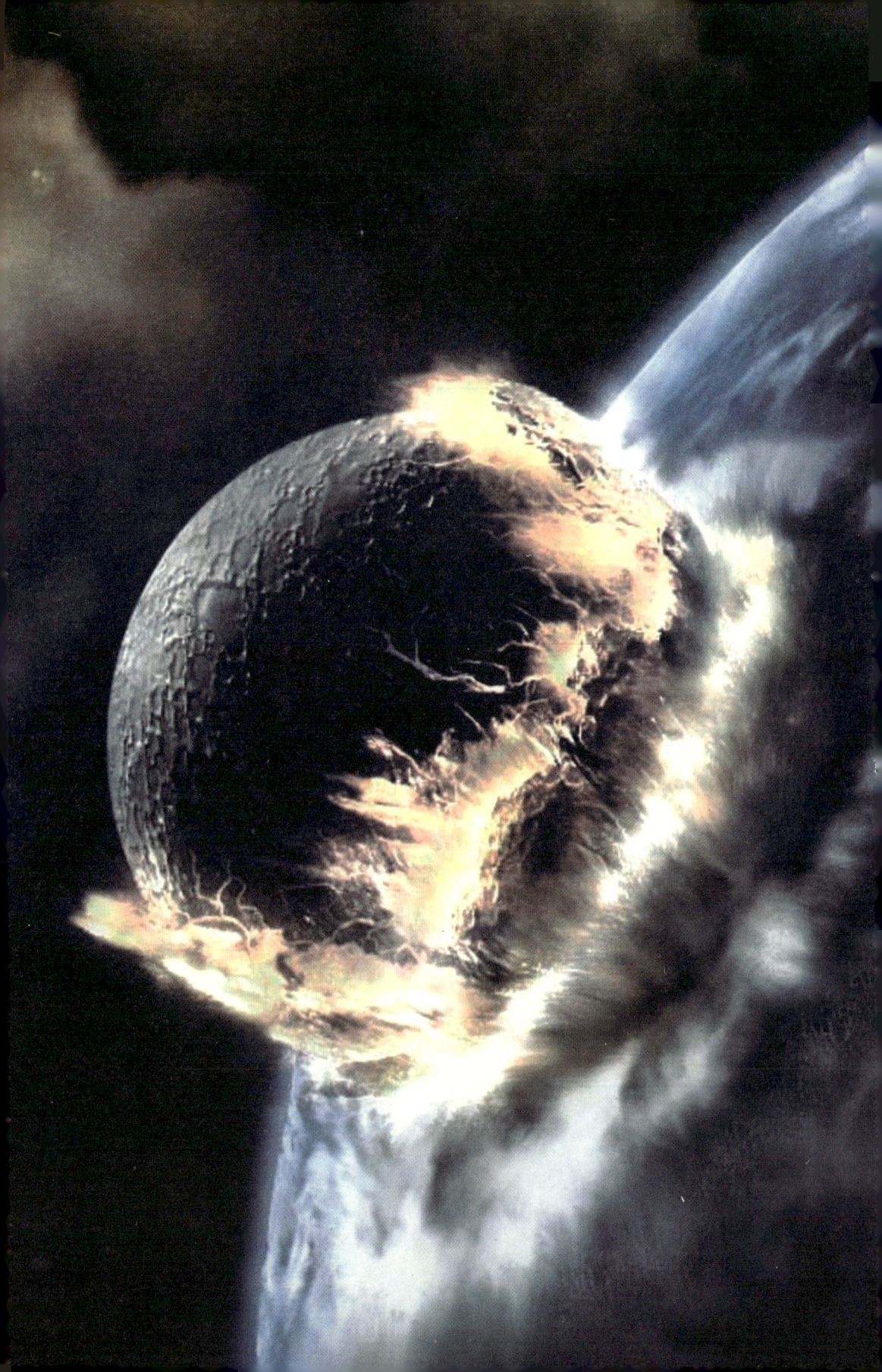

前言
QIAN YAN

　　处于成长阶段的少年儿童们，对眼前渐渐展开的广阔世界充满了无限的好奇与探索的欲望，他们的脑海中总会冒出各种各样的奇怪问题。为此，我们精心编撰了这本《中国青少年最想知道的十万个为什么》（自然科学卷/人类社会卷），以帮助他们更好地认识这个精彩纷呈的世界。

　　本书从少年儿童感兴趣的视角出发，分别从宇宙、地球、动物、植物、人体、科学、信息科技、军事交通、历史文明、文化艺术、体育国家、营养健康12个方面，精选了他们最想知道的"为什么"，用浅显易懂的语言将复杂的科学知识娓娓道来。让少年儿童们通过阅读，知道宇宙是如何诞生的，地球是怎样形成的，为什么商品有条形码，为什么飞机会拖长尾巴……此外，本书还选配了大量精美的实物图片和有趣的卡通图片，在帮助少年儿童们更直观地学习知识的同时，提高他们的阅读兴趣。

　　真心希望本书能帮助少年儿童们消除疑惑，获得知识，更加健康、快乐地成长。

目录
MU LU

第二章　多姿的地球

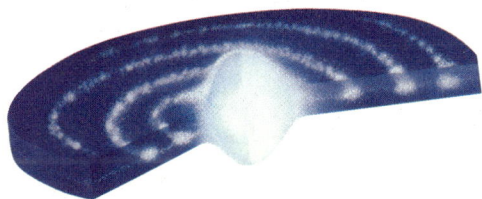

目录

MU LU

第三章 有趣的植物

目录
MU LU

第四章 可爱的动物

第五章 奇妙的人体

第六章 奥妙的科学

第一章

STUDENTS BOOKS

神秘的宇宙

SHENMI DE YUZHOU

　　宇宙形成于150亿年前的一次大爆炸，在此之后的亿万年间，不计其数的星星、无处不在的宇宙尘埃和神秘莫测的黑洞渐渐形成，它们因未知而神秘，因遥远而令人好奇。同样，作为浩瀚宇宙一分子的太阳系，也拥有着无数的谜题。你也许在好奇太阳系中的八大行星为什么不会乱跑？现在，就让我们翻开本章，一同来解开你对神秘宇宙的种种疑问吧！

宇宙是如何诞生的?

今天所见的浩翰宇宙大约形成于150亿年之前。当时，宇宙中所有的东西全都集中在一个高温、高密度的点上。突然，宇宙发生了一次大爆炸。几分钟内，宇宙由一个点不断地向四面膨胀，于是出现了宇宙的基本物质。这些物质逐渐聚集为星体、星云等，在亿万年后，形成了我们今天的星空世界。

大爆炸之后，天体逐渐形成。

为什么说宇宙"无边无际"?

太阳的大小等于130万个地球。在银河系中，像太阳这样的恒星又有1000多亿颗。目前，已知的与银河系类似的恒星系统有10亿多个。而这些都只是宇宙的小小一部分。目前，科学家们已经能够观测到超过130亿光年以外的空间，然而这仍是宇宙中极小的一部分，因此，我们说宇宙是"无边无际"的。

无边无际的宇宙空间

宇宙中的尘埃是什么?

当人们提到宇宙空间时，总觉得那里一无所有。其实，宇宙里存在着各种物质，它们被称为星际物质，星际尘埃就是其中的一种。这些尘埃是一些粉末状的固态微粒，它的质量占所有星际物质的十分之一。宇宙中的这些尘埃会妨碍星光的直射，使恒星看起来没有实际上那么亮。

宇宙并非一无所有，其中弥漫着各种物质。

宇宙竟然是炸出来的啊!

宇宙间的星际物质

宇宙大爆炸的能量来自哪里?

A 原子能　　　**B** 粒子和辐射

这个问题的答案是B。宇宙在大爆炸时，温度非常高，包括原子在内的一切物质都不会存在。因此，在爆炸时，能量只可能是比原子核小得多的粒子和辐射。

什么是黑洞？

黑洞是天文学预言的一种天体区域。它的体积很小而密度却极大，假如从黑洞上取来小米粒大小的一块物质，就得用几万艘轮船才能拖得动它。由于黑洞的密度大、引力极强，因此包括光在内的所有物质都逃脱不了它巨大的引力。它就像一个无底洞，任何东西被它吸入，就永远消失无踪了。

黑洞

真不敢相信，连光线都无法逃脱黑洞的魔手！

是谁最先提出了黑洞的存在呢？

A 爱因斯坦　　B 霍金

这个问题的答案是A。18世纪初，伟大的物理学家爱因斯坦最先指出：宇宙中存在着一些质量很大的天体，它会把光线等一切物质吸引到里面。这是人类历史上第一次对黑洞的思考与探索。

为什么用北极星来定方向?

地球在不断地绕着假想的地轴自西向东旋转,群星的东升西落也是因此而成。地轴一端所指向的方向即是正北,与之相对的是正南。北极星离正北方最为接近,因而它看起来始终不动地定立在正北方。因此,从古时起人们就用北极星来确定方向了。

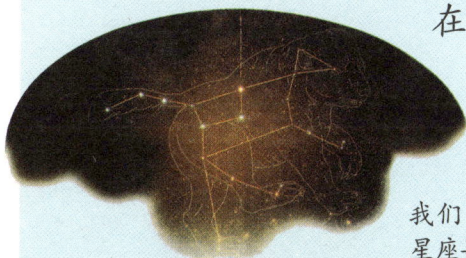

我们可以根据大熊星座寻找北极星。

啊!我迷路了,北极星快帮帮我吧!

如何能找到北极星?

先找到北斗七星。北斗七星的形状像一把勺子,将勺口的两颗星连成一线,并向前延长5倍,就可以指向北极星。除此之外,也可以先找到仙后座。仙后座由5颗星组成字母"W"状,将"W"两条边向后延长相交于一点,这点与仙后座中间的星连成一条线,并向前延长5倍,终点即是北极星。

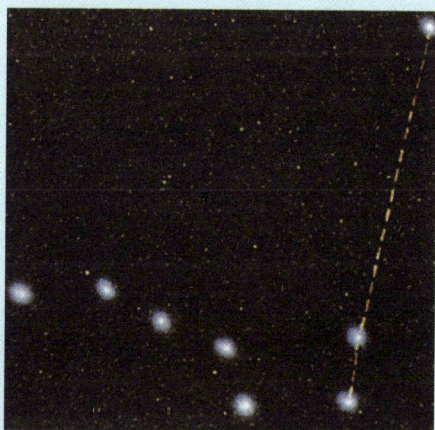

通过北斗七星可以找到北极星。

为什么会有星座？

　　晴朗的夜晚，我们可以看到天空遍布着星星。这些星星离我们非常遥远，以至于我们不能分辨它们的大小和远近。但人们发现许多星星的方向和位置可以组成固定的图案，于是就用动物、器具等形象来代表它们，这就是星座。人们还给星座起了不同的名字，这样认起来就容易多了。

巨蟹星座跟我的样子是不是很像呢?

人马座

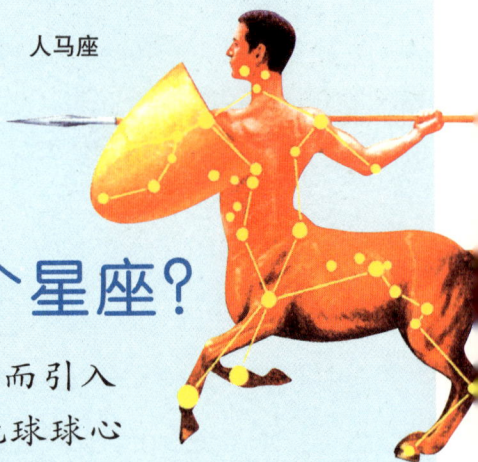

天空中共有多少个星座？

　　天文学家们为了便于研究而引入了"天球"的概念。天球以地球球心为中心，具有很大的半径。想象中，所有天体都附着在天球上。现在，国际上把天球划分为88片，即88个星座。在这88个星座中，有29个在天球赤道以北，46个在天球赤道以南，横跨天球赤道的则有13个。

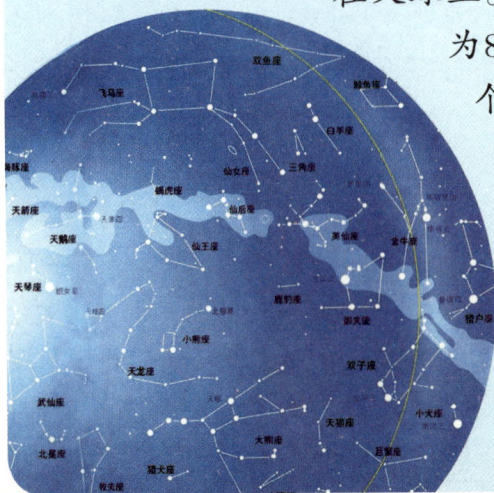

星空图

天蝎座

黄道星座指的是哪些?

从地球上看,太阳好像是在天空运行,其轨道(黄道)每年都要经过12个星座,这些星座就被称为黄道星座。这12个星座依次是白羊座、金牛座、双子座、巨蟹座、狮子座、室女座、天秤座、天蝎座、人马座、摩羯座、宝瓶座和双鱼座。

位于黄道上的十二个星座

双鱼座 宝瓶座 摩羯座 人马座
天蝎座
天秤座
白羊座
太阳 地球轨道
地球
室女座
金牛座 双子座 巨蟹座 狮子座

猎户星座

为什么星星有不同的颜色?

星星的颜色是由它们表面的温度决定的。星星的温度越高,一颗星发出的光线中蓝光的成分就越多,这颗星看上去就会呈现出蓝色;而一颗星的温度越低,那它发出的红光就会越多,这颗星看上去就会呈现红色。

什么是彗星？

在西方的一些传说中，彗星是一颗预示战争和死亡的灾星。所以，彗星的出现是不受人类欢迎的现象。其实，彗星也是宇宙中的一个普通成员。当彗星横贯天空的时候，通体会发出明亮的光，它长而宽的尾巴，如烟花般将夜空点缀得神秘而又美丽。

美丽的彗星划过夜空。

> 记住啦，彗星的长尾巴叫做"彗尾"。

彗星为什么被称为"扫帚星"呢？

彗星后部长长的"尾巴"叫做彗尾。彗尾特别明亮，看上去好像一把扫帚，因此彗星又被称为"扫帚星"。实际上，我们并不是一直都能看到彗尾的，只有当彗星经过太阳身边时，才会在背对太阳的地方显现出长长的尾巴，而当它远离太阳时，我们就看不到彗尾了。

彗星

彗星由彗核、彗发和彗尾三部分组成。

为什么会有流星？

在太阳系中，存在着很多尘埃和一些较小的固体物质，它们被称为流星体。虽然它们的体积比较小，但仍然会围绕着太阳公转。如果流星体脱离自己的轨道闯进地球大气层，便会与大气发生剧烈的碰撞和摩擦，继而燃烧起来，发出耀眼的光芒，成为我们所见到的流星。

划破长空的流星

什么是流星雨？

A 颗粒很大的雨滴　　**B** 大量流星形成的景象

这个问题的答案是B。在宇宙空间中，流星体有时会形成流星群，当地球与流星群相遇时，就会有大量的流星进入地球大气，从而形成壮观而美丽的流星雨。

恒星永远不动吗?

恒星实际上也是在不断运动的。不仅如此,恒星的运动速度还很快,最慢的恒星每秒钟也能运动几十千米,比行星运动的速度还要快许多。正是由于恒星在不停地运动,所以天上星座的形状也在不停变化,只不过由于地球距这些恒星太远了,所以我们不容易发现它们的变化。

恒星是从星云中诞生的。

闪闪发光的星星,好像都在对我眨眼睛呢!

恒星为什么会发光?

恒星内部的温度非常高,能达到1000万℃以上。在这样的高温下,物质会发生核聚变反应。反应中,恒星会损失一部分质量,同时释放出巨大的能量。这种能量中包括了各种可见光。所以,在地球上看来,恒星就发出了闪闪的亮光。

夜空中,恒星发出闪闪亮光。

小行星是什么样的天体？

谷神星

在宇宙空间中，存在着许许多多像石头一样的天体，这就是小行星。它们大小不等，形状各异。在这些小行星中，大的直径上千米，小的仅数米。18世纪初，天文学家通过搜寻，发现了第一颗小行星，并给它起名为谷神星。迄今为止，已经有八千多颗小行星有了自己的名字。

千姿百态的小行星

哈哈，好多小行星，我要给它们起名字！

什么是卫星？

在太空中，如果一个物体环绕某颗行星按一定的轨道做周期性运动，那么它就是卫星。卫星包括了人造卫星和天然卫星两种。在太阳系中，月球就是地球的一颗天然卫星。而人造卫星是由人类建造，用火箭、航天飞机等发射到太空中，像天然卫星一样环绕地球或其他行星运行的装置。

卫星总是绕着行星旋转。

银河系是什么样的?

如果站在银河系之外,从不同的角度观察它,就会发现银河系具有不同的形状:从侧面看,整个银河系就像一个中间隆起、四周扁平的大铁饼;从上面俯视,银河系就像一个特大的旋涡,从内到外伸展出4条长长的"手臂"。这些"手臂"里集中了气体、尘埃和年轻的恒星。

银河系结构图

银河系为什么被称为"流动的河"?

银河系内部无时无刻不在运动着。在银河系外部边缘,恒星与其他一些物质随较小的引力、缓慢地绕银河系中心运行。而位于银河系中心的天体,受着中心数十亿颗恒星的引力,因此它们会以每秒250千米的速度运行,所以说银河系从内到外都在运动着,是一条"流动的河"。

银河系

太阳系有哪些成员？

太阳系是一个庞大的家族，太阳在这个家族中处于中心位置。其他的家族成员都在围绕着太阳公转。这其中有八大行星：水星、金星、地球、火星、木星、土星、天王星和海王星，还有行星的卫星、众多小行星以及"浪迹天涯"的流星和彗星。

太阳系成员之——金星

为什么太阳系中的星体不会乱跑？

天体的质量越大，其引力就越强。在太阳系中，几乎全部质量的99%都集中在太阳上，太阳系的八大行星因无法摆脱太阳巨大的引力而围绕它不停运转。八大行星的轨道虽有大有小、速度有快有慢，但几乎都在同一平面上沿同一方向运转，各守其位，从不乱跑。

星空永远是这么宁静有序！

太阳系中的物质

为什么太阳能发光发热？

太阳每时每刻都会辐射出巨大的能量。这是因为太阳含有丰富的氢元素，氢元素的原子核在太阳中心的高温（1600万℃）、高压条件下，结合成氦原子核，同时释放出大量的能量，以光和热的形式散发出来，为地球以及整个太阳系带来光和热。

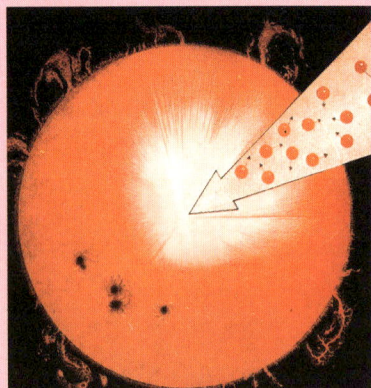

太阳通过核聚变发光发热。

为什么会发生日食？

地球与月球都不会发光，在太阳的照射下，它们会形成一条长长的影子。在月球和地球围绕太阳旋转的过程中，有时月球会处于太阳和地球之间，这样三个天体就会在一条直线上。这时，月球就会遮住太阳光，地球上的人会看到太阳被月球一点点掩盖住的景象，这就是日食。

咦，太阳怎么被一个黑黑的大盘子遮住了？

日食

为什么水星上滴水无存？

天文学家们发现，水星上没有任何形态的水。这是因为水星受到的光照是地球光照的6倍，加之水星上的大气很稀薄，无

水星的结构

法吸收高温，使水星上的温度高达460℃，水当然就无存身之地了。此外，水星的引力只有地球的1/3，所以即使有少量的水分子跑到水星上空，也无法凝结成液态水。

为什么只有在早晚才能看到水星？

水星的轨道在地球轨道的内侧，也就是说，它在比地球更靠近太阳的地方绕日运动。我们要观察水星，就要朝太阳望去才能找到。白天，由于天空太亮，包括水星在内的星星都不易看到。深夜我们背向太阳，也就背离了水星的方向，所以也看不到它。只有在早晨和傍晚时，我们才能短暂地看到它。

水星的表面

为什么金星表面温度特别高?

金星与太阳的距离比地球与太阳的距离要近许多,因此接受太阳的热量也要多些。金星大气中二氧化碳的含量达到97%以上,因此太阳光穿过金星大气,照射到金星地面时,这些浓密的二氧化碳就像是一床大棉被一样,将热量积蓄起来,产生了温室效应,使金星表面达到了465℃~485℃的高温。

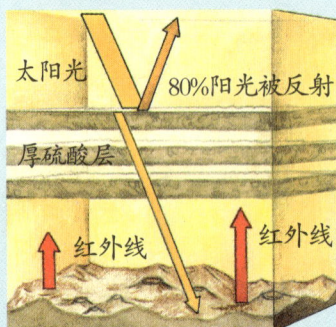

温室效应示意图

为什么在金星上可以实现"夸父追日"?

金星上真是好热啊!

金星有着独特的自转方式,八大行星中只有金星是逆时针自转的。另外,由于它的自转周期比公转周期长,因而是太阳系里自转速度最慢的行星。由于这个原因,如果我们在金星赤道附近观察太阳的运动情况,就会发现太阳"走"得很慢。因此,如果"夸父"位于金星的赤道,就能追上太阳了。

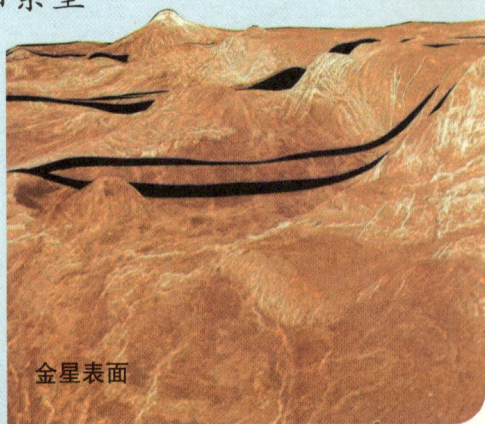

金星表面

为什么火星看上去是红色的?

火星表面的岩石含有较多的铁质。当这些岩石受到风化作用而成为沙尘时,其中的铁质也被氧化成为红色的氧化铁。火星表面非常干燥,没有液态水的存在,这使沙尘极易在风的吹动下到处飞扬,使火星表面几乎到处都覆盖着厚厚的氧化铁沙尘,从而呈现出红色的外貌。

火星的地貌

为什么要在火星上寻找生命?

人类一直希望找到外星人,太阳系中除地球外,只有火星最有希望存在生命。火星与地球非常相似,它的大气中存在氮,氮是形成生命的重要元素。另外,火星上的大气虽然非常稀薄,只有地球的1%,而且主要由二氧化碳组成,但少数低等生物是可以在这种环境下生存的。所以,人类一直在火星上寻找生命。

这是火星上发现的一块岩石,看起来像颗"人头"。

火星

为什么把木星叫做太阳系的"老大哥"？

　　木星不像水星、金星、地球和火星那样有固体的外壳，它穿着一件由气体做成的外衣。这件气体外衣上有着五光十色的条纹，它们明暗交替，显得非常漂亮。最重要的是，木星不论是体积还是质量，都远远超过其他行星，是地球的1300多倍，所以说，木星是太阳系中名副其实的"老大哥"。

木星穿着美丽的外衣。

啊，我看到带着条纹的木星啦！

为什么木星有可能成为"未来的太阳"？

　　据统计表明，木星向空间发射的能量是它从太阳吸收能量的25倍。这说明木星有自己的能源。而且，木星内部的温度已高达28万摄氏度，当它的温度达到几百万摄氏度以上时，就能像普通恒星那样启动热核反应，成为自行发光的天体了。

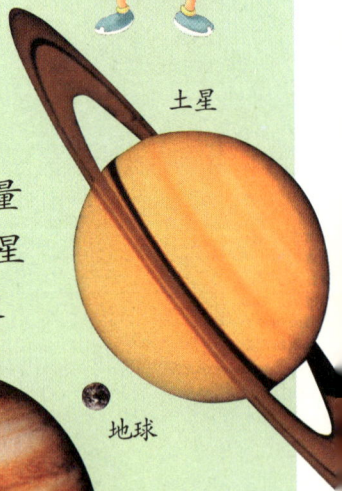

土星

地球

木星

木星、土星与地球的大小对比

为什么说土星是"星中美人"?

太阳系家族中,土星算是一颗最美丽的星,因为它有着一条闪亮的光环。土星的光环是由无数包着冰层的岩石碎块构成的,它们差不多都在一个平面上,沿着自己的轨道绕土星旋转。包着冰层的大小石块在阳光照耀下,反射出多种色彩,形成了同心的美丽光环。所以,土星被称为"星中美人"。

土星的美丽光环

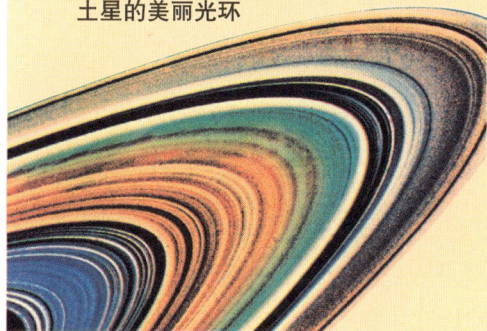

土星为什么非常"轻"?

假如有一个足够大的水池可以装下土星的话,那么土星将会像一个皮球一样浮在水面上。这是因为土星是个气体星球,而且它的内部物质非常稀疏,是八大行星中密度最小的星球。所以别看土星有个庞大的"身躯",它的"体重"却非常轻,这使它能浮在水面上。

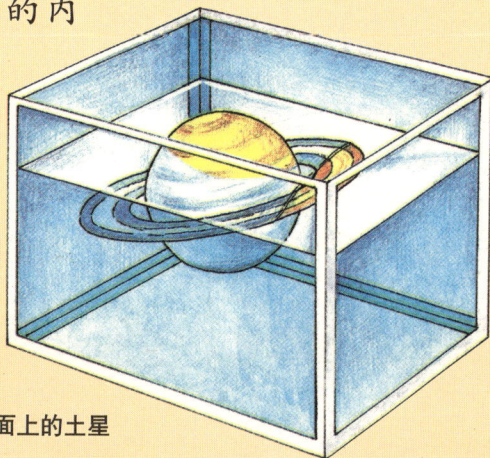

能够浮在水面上的土星

为什么把天王星叫做"冷行星"？

天王星又叫"冷行星"，它像一个大冰球，表面湿度为-200℃左右。这是因为天王星的中心温度只有2000℃～3000℃，远远低于其他行星，所以天王星的内部不能为它提供足够的热能。再加上天王星距离太阳很远，因此它只能吸收很少的太阳能量，成为一颗寒冷无比的行星。

降落啦，但是这里怎么这么冷呢？

天王星的表面温度在-200℃左右。

天王星上也有春夏秋冬吗？

天王星上也有四季之分。不过它一季相当于地球的21年。天王星的自转轴几乎与公转轨道平行，所以在夏、冬两季，天王星向阳的那一面长期天天都是白昼，气温较高；而背阴的一面在若干年内天天是黑夜，气温极低。只有春秋两季时，天王星上才有白天与黑夜之分。

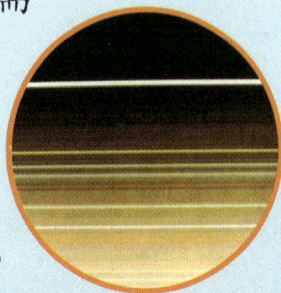

天王星星环的局部特写

海王星是什么样的？

海王星是一颗蔚蓝色的行星，它有着与大海一样的颜色，于是西方人称它为"涅普顿"，意思是"大海之神"，海王星由此得名。海王星的体积很大，是地球的57倍。它的周围有光环和8颗卫星环绕。目前，人类对海王星的了解很少，还有待于我们进一步展开对它的探索。

海王星

海王星为什么是蓝色的？

A 甲烷环绕   **B** 有许多海水

这个问题的答案是A。海王星阴暗多风，甲烷冰晶形成的云体围着它旋转。甲烷将太阳光中的蓝色光留在空气中，所以海王星呈现出了美丽的蔚蓝色。

为什么月亮会出现圆缺变化呢？

月亮时刻都在绕地球旋转。当它转到地球与太阳中间时，被太阳光照亮的那面背对地球，所以看不到月亮。第二天，月亮偏离了那个位置，这时月亮看上去像一把镰刀。农历十五，受阳光照射的月球亮面正对地球，月亮就变得如圆盘一般了。月亮周而复始地转动，也就有了时圆时缺的"变脸表情"。

月亮的圆缺变化

为什么会发生月食？

月球在围绕地球旋转时，如果地球运行到太阳与月球之间，三个天体成为一条直线，地球就会把射向月亮的太阳光挡住，于是就会发生月食。有时地球的影子只挡住了月球的一部分，于是就形成了月偏食；有时地球的影子会把月球全部遮住，这时就会发生月全食了。

月食全过程

为什么刚升起的月亮特别大?

刚升起的月亮总是让人觉得特别大。其实,这只是我们的一种错觉。月亮刚升起来时,我们很自然地会将月亮与离它很近的地平线上的建筑物或其他物体做比较,就会觉得月亮特别大。等月亮升到高空后,我们就不会有这种错觉了。事实上,月亮的大小是没有变化的。

圆圆的月亮

月球上的脚印为什么能长期保存?

我也要在月球上留下一个永远的脚印。

1969年,美国宇航员阿姆斯特朗在月球上留下了第一个脚印。月球上没有大气层,也没有刮风、下雨、下雪等气象变化。而且,月球的大地深处相当平静,至今未发现月球上有明显的火山活动。因此,除非遭受极偶然的陨石撞击事件,否则月球上的脚印能保存几千万至几亿年。

月球上的脚印

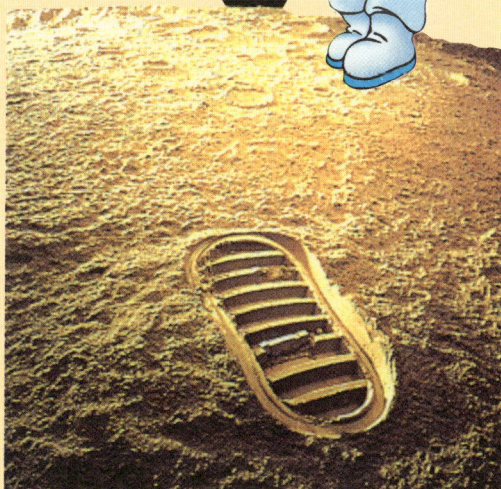

第二章

STUDENTS BOOKS

多姿的地球

DUOZI DE DIQIU

　　地球是太阳系中唯一一颗充满生机的星球。从太空中看地球，蓝、白两色构成了它美丽的外衣。地球自46亿年前形成以来，就一直在静静地不断变化着，在它博大而无私的身躯上，包括我们人类在内的所有生命得以繁衍生息。它有着许多难解的谜题，让我们去探索每个角落，进行一段神奇而精彩的地球之旅吧！

地球是怎样形成的?

150亿年前，宇宙空间中曾经发生过一次大爆炸，爆炸产生的碎片形成了大片由尘埃微粒组成的星云。这些微粒互相吸引，慢慢聚集在一起变成砾石，砾石变成小球，小球逐渐变大，成为微行星。这些微行星越变越大，聚集为无数的星体，地球就是其中之一。就这样，我们的地球基本形成了。

> 原来地球也是一天天长大的啊!

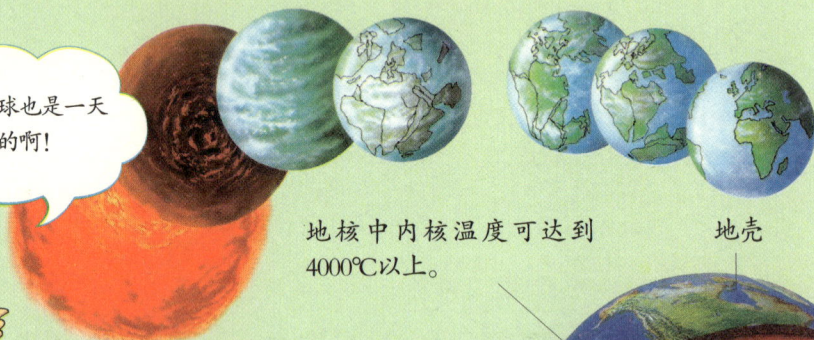

地核中内核温度可达到4000℃以上。

地壳

地球的形成过程

地幔夹在地壳和地核之间。

地球内部结构示意图

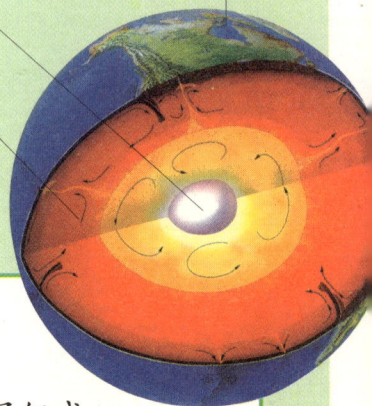

地球内部是什么样的?

A 由海洋构成　　**B** 由三部分圈层组成

这个问题的答案是B。地球从外到内可分为地壳、地幔和地核。地球在形成初期处于超高温的熔融状态。由于重沉轻浮，重的物质都集中于中心，轻的则浮在外层，所以地球就形成了许多圈层。

为什么地球周围会形成大气层？

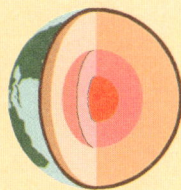

地球形成时，地球内部也渗有许多大气。后来，由于地心引力的作用，气体被排出地球内部，又被地心引力拉住，形成了很薄的大气层。再后来，由于地壳运动，大气中水蒸气的分解与结合，再加上地球上动植物增多后，动植物排泄和腐烂产生的气体，共同形成了现在的大气层。

大气层因地球重力吸引而形成，依不同的高度分成许多层。

北极
磁场
南极

地球是个"大磁铁"。

为什么说地球是个"大磁铁"？

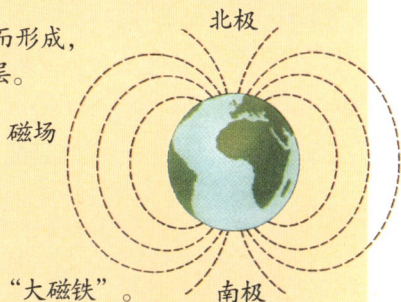

我们的地球就像是一个具有N极和S极的大磁铁，当地球旋转时，地核会产生很强的电流，因为电可以产生磁，所以会产生磁场。指南针就是受到了地球磁场的吸引才会一直指向南方的。太阳系中其他的星球也具有磁场，但地球却是其中磁场最强的。

地磁场
地球
太阳风

地球磁场可以使地球免受太阳风的伤害。

为什么会有白天和黑夜呢？

地球一直在以地轴为中心不停地自转着，这就使地球总是一面向着太阳，而另一面背着太阳。向着太阳的那面就是白天，背着太阳的一面就是黑夜。因为地球从来不停止自转，所以黑夜、白天也就不停地有规律地变换着。

地球不停地转呀转，昼夜也就出现了！

月球

地球

太阳

地球自西向东不停地旋转。

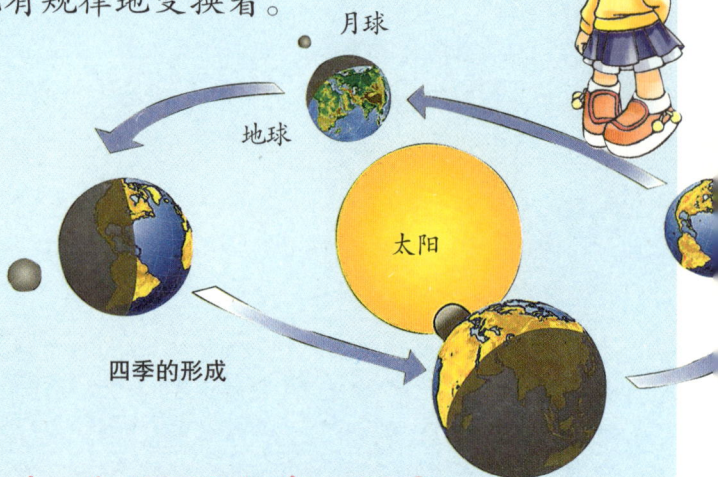

四季的形成

为什么会有春夏秋冬呢？

地球在自转的同时，还在围绕着太阳公转。由于地轴与公转轨道面并不是垂直的，而是有一个66.5度的夹角，所以就导致一年间有些地方被阳光直射，另一些地方被阳光斜射。直射光线比斜射光线损失的能量小很多。因此，随着地球旋转，地球上同一地点得到的光和热就会时多时少，也就出现了春夏秋冬四季。

温暖的春季

什么是"大陆漂移"学说？

"大陆漂移"理论认为：远古时，地球上只有一块陆地，大陆四周是统一的大洋。大约两亿多年前，大陆发生破裂，之后随地球自转与天体引力开始漂移。在距今约两三百万年前，这些漂移的大陆漂到了今天的位置，形成了现代七大洲、四大洋的基本面貌。

大陆漂移

距今约2亿年前的大陆　　距今约1亿8000万年前的大陆　　距今约6500万年前的大陆

七大洲、四大洋是指什么？

我们经常说地球分为七大洲和四大洋。你知道它们究竟是指哪些大洲和大洋吗？七大洲按面积由大到小排列，分别是：亚洲、非洲、北美洲、南美洲、南极洲、欧洲和大洋洲。四大洋中面积最大的是太平洋，其他依次是大西洋、印度洋和北冰洋。

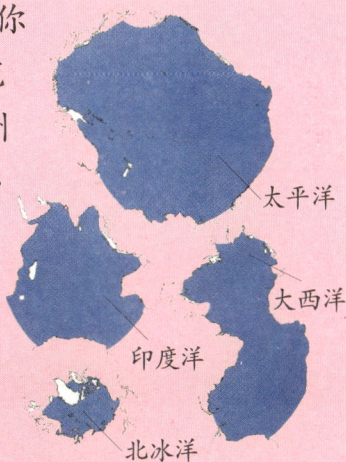

太平洋

大西洋

印度洋

北冰洋

四大洋面积比较

为什么会出现风？

地球上任何地方都在吸收太阳的热量，但是由于地面每个部位受热的不均匀性，空气的冷暖程度也不一样。热一些的空气气压就低些，而冷一些的空气气压则高些。这样，空气就会从气压高的地方流向低的地方，风就会吹起来了。

龙卷风

暖空气上升

冷空气下降

地面上的风

风的形成

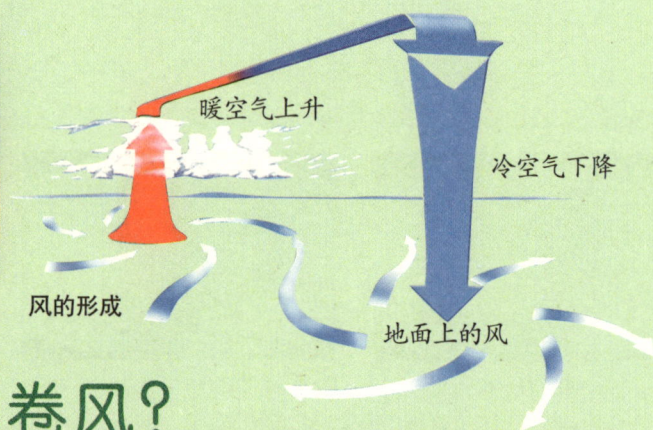

什么是龙卷风？

龙卷风大多发生在高温、高湿的不稳定气团中。那里空气剧烈地抖动，导致上下温度相差过大，冷空气急剧下降，热空气迅速上升，上下层空气快速对流，在空中形成小旋涡，小旋涡逐渐扩大，形成龙卷风。龙卷风像个巨大的漏斗，漏尖向下不停地旋转着，能将地面的物体吸上天空，造成极大的破坏。

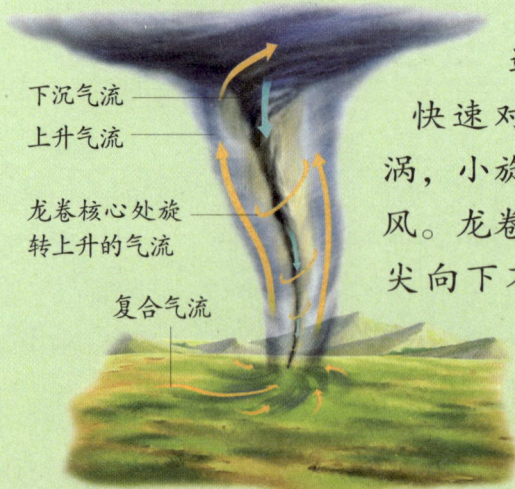

下沉气流
上升气流

龙卷核心处旋转上升的气流

复合气流

龙卷风近视图

为什么会形成云？

地面上的水在太阳的照射下会变成水蒸气升到空中。由于高空中的温度比较低，水蒸气遇到冷空气后，就会形成小水滴。这些小水滴的身体非常轻，它们在空中飘来飘去，当大量小水滴聚集在一起，就形成我们看到的各种形状的云了。

卷云
卷积云
卷层云
高积云
高层云
积雨云
积云
层积云
雨层云
层云

10种云形

不要小看云哦，它有许多种类呢！

为什么天空中的云有各种颜色？

云的厚薄相差很大，很厚的云层难以透过光线，云体看起来就很黑；相反，很薄的云在阳光下就显得白而明亮。日出和日落时，由于太阳光线是斜射过来的，光线的短波部分大量散射，而红、橙色的长波部分却散射得不多，因而照射到云时，云就会显现出绚丽的红、橙等颜色了。

雨点为什么总是斜着落下来？

　　雨点之所以不是从天上笔直降落，而是斜着落下都是因为惯性的缘故。天上的云是不停运动的，由于惯性的作用，后落下的雨点总比前面的雨点要多在云里运动一段距离，因而便形成了斜斜的轨迹，再加上天上经常会刮风，被风一吹，雨点也就斜着落下来了。

雨点真是顽皮，总是喜欢斜着跑下来！

雨点是斜着落下来的。

人工降雨是怎么回事？

Ⓐ 用干冰等催化剂来降雨　　Ⓑ 用飞机人工洒水

这个问题的答案是A。人们乘飞机来到空中，在云中加入干冰等催化剂，使云中出现冰晶，这些冰晶将云滴蒸发的水汽裹到自己身上，从而越来越重，最后融化成雨降落到地面，形成人工降雨。

闪电是怎么形成的?

闪电是发生在积雨云层中的一种放电现象。在夏季闷热的午后及傍晚，地面的热空气携带着大量的水汽不断上升到天空，会形成大块大块的积雨云。

积雨云受到上升的热气流的冲击，就会发生电离，带上强大的电荷。当两种带不同电荷的云接近时，便会互相吸引发出很亮的火花，这就是闪电。

夏天下雨时经常会出现闪电。

为什么会有吓人的雷声?

下雨时，天空中总会传来阵阵吓人的雷声。其实雷和闪电是同时产生的。只是由于光比声音跑得快，所以我们先看到闪电后听到雷声。当闪电划过天空时，闪电周围的温度会瞬间升高，足足有太阳表面温度的5倍，闪电周围的空气受热后会迅速膨胀，发出巨响，形成雷声。

雷是闪电引起的。

为什么天空会出现彩虹？

夏天常常下雷雨或阵雨。雨过初晴时，天空还飘浮着许多小水滴，这些小水滴能折射阳光。当阳光经过水滴时，不仅改变了前进的方向，同时被分解成七色光，如果角度适宜，就成了我们所看到的彩虹。空气中的水滴越大，彩虹越鲜艳；水滴越小，如像雾滴那样大时，虹色越淡，形成白虹。

美丽的彩虹

来，我们飞到彩虹那里看看！

为什么会有环形彩虹？

我们通常只会见到半弧的彩虹，其实自然界中还会出现环形的彩虹。如果天空中出现卷层云，空中会飘浮着无数冰晶，当日光通过卷层云时，由于太阳周围有一圈冰晶，光线透过冰晶，经过两次折射，就会分散成各种颜色的光束，形成内红外紫的环形彩虹。这种现象又被叫做"日晕"。

一般情况下，环形彩虹在飞机上才能看到。

冰雹是怎么形成的?

夏季里，大量的水蒸气会受热升往高空，当升到温度在-20℃以下的地方时，就会变成小冰珠从高空中落下。这时的小冰珠还非常小，但在下落时，上升的水蒸气会继续在它们表面结冰，小冰珠在空中反复地被包上冰衣，就会越来越大，等到它落到地面时，就形成冰雹了。

冰雹

霞是怎么形成的?

日出和日落前后，天空中总是会出现美丽的色彩，这就是霞。当太阳光斜斜地穿过大气时，阳光中的紫光、蓝光会被削弱，剩下的黄、橙、红色光就被空气中的气体分子和水汽、尘埃散射，使天空与云层都染上了缤纷的色彩，形成美丽的霞。

落日霞光

为什么会有霜？

在深秋、冬季和初春的夜间，大地由于白天受到阳光的照射，表面的水分不断蒸发。这些蒸发出的水汽留在地面附近。到了夜晚时，温度会降低，寒冷的空气与温度在0℃以下的物体接触时，其中的水汽就会附着在物体上凝成冰晶，这样就形成了霜。

> 天气凉了，玻璃上都有霜了呢！

晶莹剔透的霜

为什么会有雾？

清晨，空气较为湿润的地区经常会出现晨雾。其实雾和云一样，都是由大气中无数微小的水滴或冰晶组成的。只是云在空中，雾贴近地面。大气中出现水汽的凝结时会降低能见度，人们在能见度降到1000米以下时才称其为雾，能见度在1000～10000米时称为轻雾。

秋冬早晨的雾特别多。

极光是什么样子的？

在地球南、北极附近的高空，夜间常常会出现色彩瑰丽的极光。极光的形状千变万化，有的像飘带，有的似面纱，有的如云朵，还有的呈放射线状。极光的颜色也非常美丽，主要以红、紫、淡绿、蓝紫最为常见。有的极光刚出现就消失了，有的却会高悬在空中几个小时不散。

绚丽缤纷的极光

啊！海面上出现了一片高楼！

什么是"海市蜃楼"？

A 人产生的幻觉　　**B** 光的折射与反射现象

这个问题的答案是B。当阳光穿过高空和地面不同温度的空气时，会发生折射和反射，光的传播路径就会发生改变。这些光线进入我们的眼睛，我们便看见了地面以下或远处物体的影像。

火山是由哪几部分构成的?

火山由火山通道、火山顶、火山口、火山锥、火山喉管和岩浆池组成。火山通道是岩浆涌到地表的通道。火山顶由蒸气、火山灰和气体等组成。火山口是火山顶上漏斗状的开口。火山锥是火山喷出物在火山口周围堆积成的圆锥体。火山喉管是火山喷发的"烟囱",岩浆池则是岩浆在地下聚集的地方。

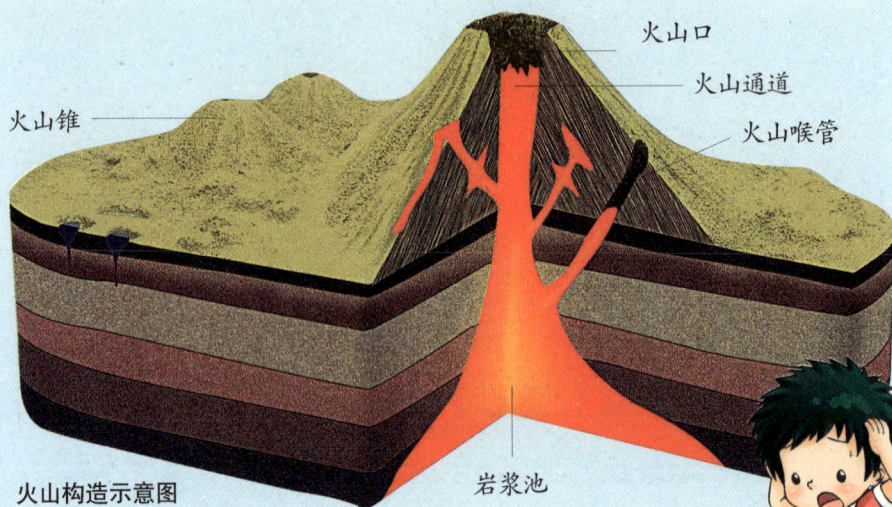

火山锥 —— 　　　　火山口
　　　　　　　　火山通道
　　　　　　　　火山喉管

火山构造示意图　　　　岩浆池

火山为什么会爆发呢?

A 地壳内的岩浆冲出地面　　　**B** 地壳发生断裂

这个问题的答案是A。地球内部充满滚烫的岩浆,如果遇到地壳比较脆弱的地方,岩浆中的气体和水蒸气会把地表冲出一个大洞,滚烫的岩浆就会喷出地面,形成火山爆发。

为什么会发生地震?

地震是地球表面上的各大板块互相碰撞形成的。板块发生碰撞时,它们不规则的边缘相互撞击摩擦,地下的岩石层就会受到强烈的挤压、拉扯,岩石无法承受压力时就会断开。这时,地面就会发生摇晃、开裂,形成地震。全球每年要发生500万次地震,只是多数地震很弱,我们感觉不到。

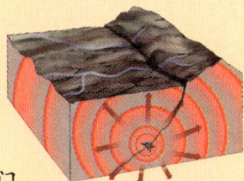

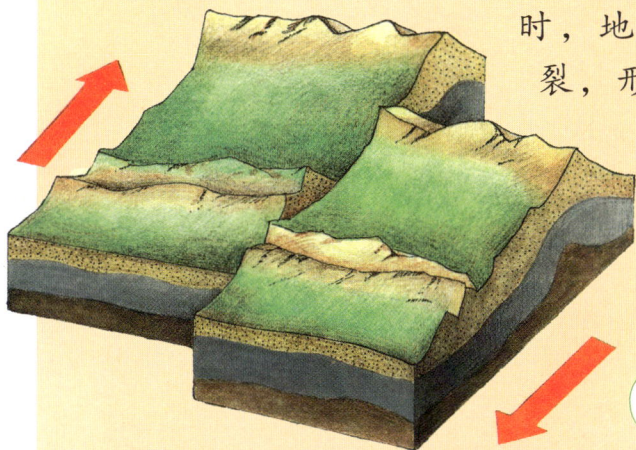

地震主要是由岩层断裂引起的。

真想不到,地球上竟然每天都会发生地震!

地震为什么多发生在初一和十五前后?

我国的唐山大地震发生在农历七月初二;日本神户大地震发生在农历十二月十七。可见,很多大地震都发生在农历初一或十五前后。这是因为每到这段时间,太阳、地球和月亮基本上处于同一直线上。这个时期,太阳和月亮对地球产生的引力最大,也就最容易发生地震。

张衡发明的地动仪模型

海水为什么是咸的呢?

　　在海边游过泳的人都会发现,海水的味道是又咸又涩的。其实,在海洋刚形成的时候,海水并不咸。但陆地上的土壤和岩石中都含有大量的盐分,每当雨后,陆地上的盐分就会溶解在水中汇入河流,最终被带进海里。现在,每年流入大海里的盐至少有39亿吨,海水自然又咸又涩了。

蒸发与降水的循环,使海水变咸了。

为什么大海无风也起浪?

　　在茫茫的大海上,如果某一处被风吹起了波浪,那这里的波浪不仅会在原地波动,还会源源不断地向四周传播。由于大海的宽广无垠,很远处没有起风的地方也就有了浪。这种波浪的波长很长,即使风停了,波浪也不会立即消失,而是还会再波动一段时间。

大海翻起的洁白浪花

为什么大海不会干枯呢？

海水不会干枯是由于地球上的水在不断地循环的缘故。其实只要太阳一晒，大量的海水就会变成水蒸气上升到空中，最后凝结成雨珠降落到海里。而落到陆地上的雨珠会流进小溪、河流，最后汇于大海，补充蒸发掉的海水。如此周而复始，大海里的水就永远也不会干了。

> 下雨、河流等都会为大海"续水"哦！

水循环示意图

海洋中怎么会有岛屿呢？

海洋中也有陆地，这就是岛屿。岛屿形成的原因有很多。比如：由于地壳变化，使靠近岸边的陆地分离，中间被海水隔开，从而形成了岛屿；或是由江河带来的泥沙在入海口逐渐堆积形成；还有的是海底火山爆发时，由岩浆喷射物堆积而成。另外，海里还有珊瑚虫堆积形成的珊瑚岛哦。

北极的岛屿

为什么河流都是弯弯曲曲的呢？

　　河流在行进的过程中并不是一路畅通的，它总是会遇到不同的阻碍物影响它奔腾入海。如果阻碍物比较容易被破坏，水流就会冲开它继续前进。如果阻碍物高大坚固，比如高山巨石等，水流就只好绕开它后再前进。所以整条河流看起来就是弯弯曲曲的了。

九曲十八弯
的黄河

弯弯曲曲的亚马孙河

为什么大河入海处会有三角洲呢？

　　河水从源头出发，经过漫长的旅途最终奔向大海，一路上会携带大量泥沙。到了入海处，河面宽阔、陆地平坦，水流动的速度就会减慢。这样一来，泥沙就在河口沉淀、堆积起来，并最终露出水面，成了一片陆地。从高空往下看，这些陆地的形状很像个三角形，所以就把它们称为"三角洲"。

珠江三角洲

为什么长江三峡特别险峻？

坐船经过长江三峡时会发现：这里的山高而陡峭，江面还不时有险滩，十分险峻。这是因为四川盆地曾经是一个内陆湖，三峡就是连接这个内陆湖和长江之间的通道。由于这个通道并不十分"宽敞"，湍急的河水不断地冲刷三峡两岸的峭壁，使三峡两岸变得越来越险峻了。

险峻的三峡是河水冲刷出来的啊！

河水的冲刷，使三峡两岸变得越来越险峻了。

长江三峡

为什么尼罗河会变色呢？

每年，非洲的尼罗河都会从透明变为绿色，又变为红褐色，最后再恢复为透明。这是因为2～5月是尼罗河的枯水期，河水清澈透明。从6月开始，水生植物使尼罗河的水色变绿。到了7月，尼罗河水量增大，大量泥沙使河水呈现出红褐色。11月时，水位下降，尼罗河又变得清澈透明了。

美丽的尼罗河

为什么会有湖泊？

　　湖泊大都是由雨水、河流等汇集在低洼处而逐渐形成的。除此之外，湖泊还可以通过其他方式形成，比如：有的湖泊本来是海洋的一部分，由于泥沙把大片水域与大海隔离，就在陆地上形成了单独的湖泊。而如果火山喷出的熔岩碎石堵塞了河道，也会形成湖泊。

美丽的湖泊

什么是火山口湖？

　　在火山喷发后，山顶部会形成的一个凹陷的火山口。每逢下雨时，火山口中就会汇集大量的雨水，渐渐地就会成为一个"高高在上"的湖泊。火山口湖的四周一般被高大的山峰环绕，湖的面积不大，但湖水却比较深。而且，火山口湖的附近经常会有许多温泉。

火山口湖的形成

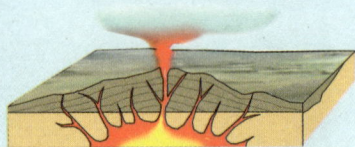

火山喷发。

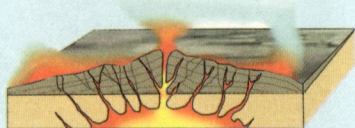

岩浆大量喷发，岩浆池缩小。

地面失去支撑而塌陷。

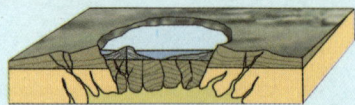

降水积聚成湖。

为什么湖水的颜色会有变化?

在西亚的阿米尔河沿岸,有一串颜色各异的湖泊,它们有的乳白、有的浅绿、有的深蓝,十分美丽。这缤纷的颜色来源于湖水里的碳酸钙。湖中的植物会和碳酸钙发生化学反应,在湖底形成石灰岩。阳光的照耀下,湖底的石灰岩会将光线反射回来,湖水就呈现出了不同的颜色。

呈现不同颜色的湖水

内流湖的水一般都又咸又涩的。

什么是内流湖?

A 湖水会从中流出的湖　B 只有河水流入的湖

这个问题的答案是B。内流湖只有向内流淌的通道,湖水不能汇入海洋,水量也得不到及时补充。因此湖水会不断蒸发,使盐分越积越多,湖水渐渐变得又咸又涩。

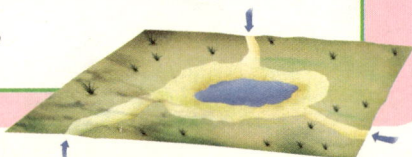

瀑布是怎样形成的？

瀑布是一道从高处落下的水帘。瀑布形成的原因很多，比如：由于地壳运动，形成了很陡的岩壁，河流经过这里，突然跌落下来，就成了瀑布。

而且，如果原来的河道被火山喷出的岩浆堵塞了，就会形成天然堤坝，水流溢出后，也会成为瀑布。

这个地方可以建一个水库嘛！

壮观的瀑布

为什么瀑布下有深潭？

瀑布由上而下的冲击力相当大，即使是船舶行驶到靠近瀑布的地方，也要绕行通过。在多雨的季节，瀑布的水量变大，冲击力也更强了，瀑布下面的岩石经常受到这种巨大力量的冲击，时间长了，便会出现一个大大的凹洞，于是瀑布下也就会产生一个深潭。

瀑布下面一般都会有一个深潭。

为什么会有地下水？

地下水通常蕴藏在较浅的地下，这是由于靠近地面的土层比较疏松，空隙比较大，地面上的雨水、雪水就会沿着空隙渗透下去。在渗透的过程中，如果遇到不透水的岩层挡住了水的去路，或者是地下有溶洞，水就会聚集在一块儿，形成地下水。

喷泉的形成过程

喷泉是怎样形成的？

地下水不停地流动，一旦它们找到了缝隙，就会涌出地面，变成泉水。在这期间，如果有一部分地下水被岩浆加热到沸腾时，它就会形成水蒸气，水蒸气带有一定的压力，这样，其他的地下水就会在蒸气压力的作用下，突然喷出地表，形成或高或低的水柱，也就是我们通常所说的喷泉。

位于冰岛的大间歇泉

冰川为什么会移动呢？

在寒冷的南北两极，积雪越来越多，最后就会变成冰川。这些厚重的冰川虽然大至上百吨，但却总是不安分地在水面上漂来漂去。其实，这是由于重力作用的缘故。在重力的作用下，冰川会从高处到低处缓慢流动。于是，巨大的冰川就会像一条河一样慢慢"流淌"起来。

报告船长，前方发现了移动的冰川！

许多的冰川都在以不易被发现的缓慢速度移动着。

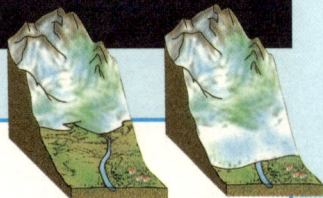

为什么会发生雪崩？

A 融化的雪水渗入了地下　　**B** 积雪突然发生爆炸

这个问题的答案是A。大量的雪块从高山上崩塌下来的现象称为雪崩。雪崩是因为山坡表层积雪融化渗透到积雪底部，起了润滑剂作用，于是极厚的积雪层在重力作用下向下滑动，导致雪崩发生。

沙漠是怎样形成的?

从自然界原因来说,由于风吹跑了地面的沙粒,这些沙粒在风力减弱或遇到障碍时堆成许多沙丘,掩盖在地面上,形成了沙漠。就社会原因来说,滥伐森林、破坏草原、战争或其他原因破坏了干旱地区的水利工程,是导致沙漠形成的关键。

沙漠地貌

盆地有哪些类型?

盆地四周高、中间低,整个地形像一个大盆。盆地主要有两种类型:一种是由地壳构造运动,如断层陷落、局部构造凹陷而形成的盆地,称为构造盆地;另一种是由冰川、流水、风等侵蚀形成的盆地,称为侵蚀盆地,侵蚀盆地主要有河谷盆地和风蚀盆地等。

准噶尔盆地的典型地貌

为什么石灰洞中有石笋和钟乳石?

出产石笋和钟乳石的溶洞,都是由石灰岩构成的。石灰岩的主要成分是碳酸钙,它可与水和二氧化碳反应,形成一个小突起,然后逐渐变大并向下延伸,久而久之便形成了钟乳状的钟乳石。石笋则是洞顶的水滴落时,里面所含的碳酸钙在地面上沉积起来,逐渐形成竹笋状的石笋。

> 哇,这个山洞里怎么会长出这么多笋呢?

石笋、钟乳石的形成

为什么煤层中会有琥珀?

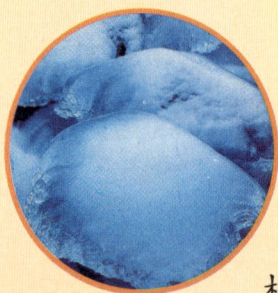

在4000万～5000万年前的古生代,气候暖湿,森林枝繁叶茂。如果大风吹断树枝,树枝折断处便会流下一滴滴树脂。数年之后,随着地面的下沉,林木与树枝上滴下的树脂被掩埋在地下。经过地质作用,埋藏在地下的林木已炭化成乌黑的煤。而滴下的树脂却变成了我们所见的琥珀。

琥珀

山是怎么出现的?

我们今天所看到的名山秀岳,其实是被造山运动所"挤压"出来的。大约在几亿年以前,地球的各大版块并不是位于现在所处的地方,各大版块间经常相互碰撞,互相挤来挤去,结果有些地方越挤越高,经过不断地演变,就形成了现在的山。

奇丽险峻的山峰

我也一定可以"造"出一座山来!

火焰山真的燃烧着熊熊烈火吗?

火焰山位于我国新疆的吐鲁番盆地,最初是由沙石和泥土堆积而成的。在山体形成的时候,天气非常炎热,沙石中丰富的铁元素在高温的作用下,与氧元素发生了化学反应,生成了红色的氧化铁,因此火焰山呈现出火红色,远远看去,山体就像是着了火一样。

新疆火焰山

为什么我国东部多平原、西部多高山？

大约在7000万年前，欧亚板块和印度板块发生了强烈碰撞，而我国西南部的青藏高原一带就位于碰撞的边缘。因此，我国西部地区的地壳大幅度上升，形成了高原与山脉。而我国东部地区的地壳却大面积下降，形成了平原。所以现在才有了东部多平原、西部多高山的景象。

位于我国西部的新疆天山

最大、最高的高原分别是哪个？

在南美洲巴西境内，有一块面积为500多万平方千米的大高原——巴西高原。除了南极洲的冰雪大高原之外，它是世界上最大的高原。我国的青藏高原是世界上最高的高原，平均海拔在4000米以上，仅仅在喜马拉雅山脉上就有16座山峰超过了8000米。

喜马拉雅山脉就位于青藏高原上。

热带雨林为什么被誉为"地球之肺"？

森林可以净化空气，调节气候。而热带雨林，更是对环境有着至关重要的作用。热带雨林主要分布在赤道南北两侧，这里终年气候湿热，植物茂盛，能够吸收空气中大量的二氧化碳，释放出更多的氧气。因而，热带雨林又被誉为"地球之肺"。

> 热带雨林是"地球之肺"，一定要好好保护哦！

繁茂的热带雨林

什么是草原？

草原是指大片天然草地。世界上大约有1/5 的陆地被草原所覆盖。草原上生活着很多食草动物和以它们为食的凶猛野兽。草原可以分为荒漠草原、草甸草原、高寒草原等类型。其中，地处温带的草甸草原土地肥沃、气候湿润，是牛羊繁衍生息的宝地。

草原

为什么会形成东非大裂谷？

东非大裂谷位于非洲东部。它是一条全长6400千米，宽度为3～56千米的大断层，被称为"地球的伤痕"。大裂谷的出现是由于这个地方的地幔物质上涌，冲破了已经存在的地壳破裂部位，使地壳出现大裂口，然后陆地继续向两侧扩张而逐渐形成的。

好激动！终于要见到世界上最长的大裂谷了！

东非大裂谷

为什么百慕大三角区被称为"神秘地带"？

近百年来，众多的飞机和船只在百慕大三角区无故坠毁或沉没，为此人们称这里为"神秘地带"。科学家认为这个地区海底有大面积的气油田。若周围海水压力发生变化，会导致海底释放出天然气，因而海水密度变小，导致轮船沉入海底。而飞机尾部排出的带火花的废气，也可能引燃四周天然气，将飞机焚烧殆尽。

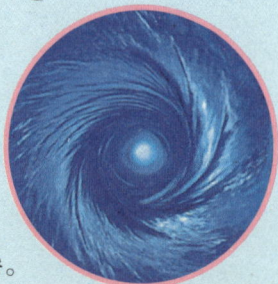

海洋旋涡意味着此处的海底情况极为复杂。

为什么要建自然保护区？

首先，自然保护区保存了完整的、未受污染的生态系统。其次，自然保护区保存和拯救了一大批濒危动植物。再次，自然保护区为研究生态和环境变化的规律以及珍稀物种的繁殖驯化，提供了特别有利的条件。可见，建立自然保护区是十分必要的。

澳大利亚的大堡礁自然保护区，是为保护珊瑚礁及这里的自然生物而设的。

为什么要增设诺贝尔地球奖？

面对臭氧层被破坏、土地沙漠化、资源枯竭等地球环境日益恶化的严重威胁，诺贝尔奖1992年增设地球奖，以表彰为保护地球环境做出卓越贡献的人。诺贝尔地球奖每年为杰出的环境保护成就者颁发7种奖。其中有些为非固定授奖领域，如人口增长问题、资源保护、粮食及淡水问题等。

环境问题日益突出。

第三章

STUDENTS BOOKS

有趣的植物

YOUQU DE ZHIWU

全世界已知的植物大约有30万种，包括藻类植物、苔藓植物、蕨类植物、裸子植物和被子植物等。植物世界极为庞大、复杂，除去最干旱的沙漠或常年冰雪覆盖的地区，植物覆盖了地球的绝大部分地区。植物千姿百态、奇异有趣，不畏高寒的雪莲、会害羞的小草、能结面包的树木……无一不为我们的家园增添着沁人心神的绿色和无尽的趣味。

植物是怎样制造养料的？

植物的叶子能够进行"光合作用"。

从小苗到参天大树，植物在生长过程中需要自己制造许多的营养物质。植物的每一片叶子就好像一个小工厂，叶子里面的叶绿素将水、二氧化碳气体和太阳光转化为糖、淀粉、纤维素等植物所需要的养料。正是因为有了这些养料，植物才能茁壮成长。

为什么植物的根向下生长？

植物的根尖能够产生一种叫生长素的物质，生长素含量少时可促进根生长，多时则抑制根生长。深入地下的根生长素分布较少，而接近地表的根生长素分布较多。所以，越靠下的根生长得越快，因此根总是向下生长。根向下生长，可以更好地吸收土壤中的养分，这也是植物适应环境的结果。

植物的存活离不开根。

植物的根向下生长。

为什么树干都是圆的？

我们知道，圆的面积比任何形状的面积都大，所以圆形树干就能输送更多的水分和养料，有利于树木生长。此外，狂风吹来时，无论从哪个方向刮过，都会沿着圆面的切线方向掠过，受影响的只是较小的一部分。可见，圆形树干是植物们长期不断进化、适应自然界的结果。

圆圆的树干是树木适应环境的结果。

树干

一定要把小树的树皮保护好！

为什么说树怕剥皮？

树叶经过光合作用所形成的养料，是靠树皮中的输送通道来输送给树根的。所以说，树皮就像是我们人类的血管。一但树皮被剥去，根部就会因得不到养料而慢慢饿死。地上部分的枝叶得不到充足的水、肥料，光合作用、呼吸作用被破坏，最后也会慢慢死亡。因此说树怕剥皮。

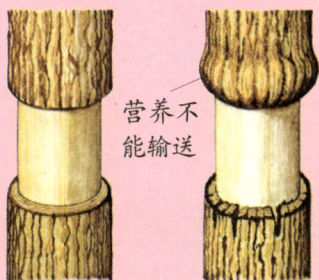

营养不能输送

剥皮后树木的养分便不能传输了。

为什么树木会有年轮？

锯开大树树干，你会发现树木的横断面是由一些深浅交替的同心环构成的，这些环叫做年轮。年轮的形成是因为树干里面有一圈形成层，随着大树的生长，形成层会不断向内分裂细胞，由于秋冬及春夏季所生长出来的细胞大小、颜色都不同，于是产生了一圈一圈的形状，这就是年轮。

年轮

为什么植物的叶子各不相同？

春天来啦，我们都来种树吧！

不同的植物，叶子也千差万别，这是因为各种植物的遗传特点不同，长有针状叶子的树不可能生出扇状的叶子来。另外，植物生长环境的不同，也决定了它们叶子的不同形态。干燥寒冷地区的植物叶片比较小，毛茸茸的；炎热湿润地区的植物叶子比较宽大，而且十分光滑。

各种形状的叶子

为什么有的树叶秋天会变色?

秋天时,很多树木的叶子都会变成黄色或红色,这与树叶中所含的物质密切相关。树叶里同时含有绿色的叶绿素、黄色的胡萝卜素和红色的花青素。春天和夏天时,树叶里的叶绿素很多,所以树叶呈现出绿色。天气变冷后,叶绿素被破坏了,而稳定的胡萝卜素或者花青素显现出来,这时树叶就会变为黄色或红色了。

秋天一到,许多树叶就会变颜色。

为什么植物叶子上有许多条"筋"?

植物叶子上有许多细纹,它们密密麻麻,纵横交错,就像长在叶片上的"筋"。其实,这些"筋"叫做叶脉。它们粗细不同,有的在叶片上形成一张网纹,有的整整齐齐平行排列。叶脉不但能保持叶片的平整,还可以起到传输水分和营养的作用。

叶脉

树顶上的叶子是怎么获得水分的呢？

树叶的成长离不开水分，而树顶的叶子则是通过许多"专输通道"来获得水分的。"专输通道"是指树干和树枝里面的许多粗细不同的导管。它们可以把树根从泥土里吸进来的水分向上运输。另外，叶子在蒸发水分时，会对导管里的水分产生向上的引力，这样导管里的水就能到达树顶了。

大树是通过导管来运输水分的。

常绿树为什么不落叶呢？

松树、柏树等树木一年四季都是绿色的，所以看起来好像从来不会落叶。其实，常绿树不仅会落叶，而且一年四季都落叶。只不过它们每次落下的树叶相对于整棵树来说，实在是太少了，人们不会留意到。而且，在常绿树老叶子刚落下时，新叶子又长了出来，所以就更难被发现了。

哈哈，我终于看到松树落下的叶子了。

冬天的常绿树

为什么树芽不怕冬寒？

在寒冷的冬天里，百花凋残，但我们却会在树枝上看到一些嫩嫩的芽。这些芽之所以不畏严寒，是因为在每个树芽外面，都紧紧包裹着一层层鳞片一样的鳞叶。这些鳞叶十分厚实，上面有一层蜡质。嫩芽有了这样一件厚厚的棉衣，就不会被冻坏了。

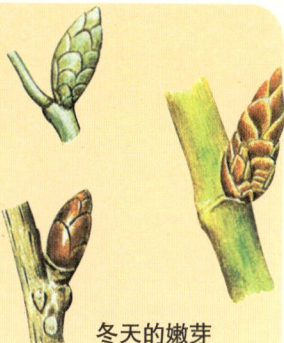

冬天的嫩芽

大树

好久没下雨了，我来给大树浇点水吧。

为什么施肥过多植物反而会死亡？

肥料一般要溶解在水中之后才能被植物的根吸收。如果肥施得过多了，肥料溶于土壤溶液后，土壤溶液的浓度就会高于根细胞的细胞液浓度。这时，根不仅不能吸收这些养料，反而会将自身的养料和水分流失掉。这样一来，植物就会慢慢地死去了。

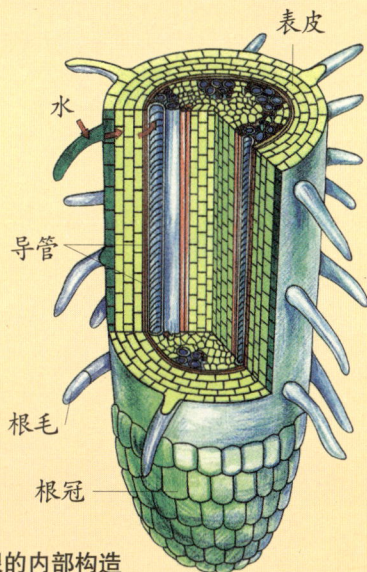

表皮

水

导管

根毛

根冠

根的内部构造

植物为什么要开花？

许多植物都会在一定的时期绽放美丽的花朵。这是因为花朵是植物繁殖器官的一种，它们肩负着为植物传宗接代的重要任务。开花植物就是凭借它们艳丽芬芳的花朵来引诱昆虫、小鸟帮忙传授花粉的。植物开花以后才能结出果实，长出种子，一代代繁衍生息。

美丽的花朵

为什么有些植物开花后就会死亡？

自然界中有许多植物会多年连续开花，如杏树、梨树等。也有些植物开过一次花后会迅速死掉，如竹子等。这是因为竹子等植物与每年开花的植物相比，有着迥异的特征与习性。它们在开花的过程中，会消耗掉以前所积累的全部营养物质。因此，当花朵凋谢之后，植物也会因营养物质全部耗完而枯死。

有些植物一生只能开一次花。

为什么植物总是在一定时期开花？

桃李开于阳春，菊梅开于秋冬，由此可见，植物开花的时间总是一定的。这是因为四季中的阳光和温度是不同的，植物便根据自己不同的习性选择了开花日期。比如：梅花喜欢寒冷和较柔和的阳光，所以它怒放在冬天；而荷花喜欢炎热和强烈的阳光，所以它盛开在夏天。

盛开的鲜花

原来桃树、杏树都是先开花后长叶的。

有些植物为什么先开花后长叶？

A 花的生长速度比叶子快　　B 花芽比叶芽更耐寒

这个问题的答案是B。先开花后长叶植物的花芽生长所需要的温度比较低，初春的温度已满足了它生长的需要。而叶芽却要等温度再升高些，才能满足它生长的需要。

蔬菜瓜果的味道为什么各不相同?

蔬菜瓜果的味道,主要是由它们所含有的物质决定的。含有糖分的蔬菜瓜果吃起来是甜的;含有酸类物质的蔬菜瓜果吃起来是酸的;有苦味的蔬菜瓜果常含有某种生物碱;有辣味的蔬菜瓜果,其辣味的来源可能多种多样,如辣椒里含有辣椒素、萝卜里含有芥子油等等。

> 西瓜又沙又甜,我最喜欢吃了。

蔬菜和水果

为什么成熟的瓜果才好吃?

瓜果在成熟之前,含有果胶质和有机酸。果胶质会把瓜果的果肉细胞牢牢地粘在一起,使它们的味道尝起来涩涩的;有机酸则使果肉的味道显得很酸。等瓜果成熟以后,果胶质会变成可溶性的果胶,而有机酸则转化为糖或者其他没有酸味的物质。这样,瓜果就变得很好吃了。

诱人的水果

为什么雨水多了，瓜果就不甜了？

　　每逢干燥少雨的夏天，瓜果会格外甜，而阴雨很多的夏天，瓜果就不那么甜了。这是因为植物的叶子能通过光合作用制造出糖分，糖分贮藏在果肉里，因此瓜果就有甜味了。如果阳光充足，光合作用强烈，贮藏的糖分比较多，瓜果就会很甜。而阴雨天气，光合作用产生的糖分少，瓜果就不会很甜了。

各种瓜果

苹果为什么不能年年丰收？

　　苹果与很多果树一样，如果头年结的果子多，第二年结的就会少些。这是因为如果这一年果树结的果实多了，养料都供给了果实，枝条得不到足够的营养，产生的花芽就会减少，第二年结的果实也少。而第二年果实消耗的能量少，能长出许多花芽，下一年就又会丰收了。

苹果树

植物也要"睡觉"吗？

植物与人一样，也会有"睡眠"状态。其中，花儿的睡眠有早有晚。如太阳花在上午10点钟绽开花朵，中午进入"睡眠状态"。而紫茉莉却是下午开花，第二天拂晓时闭合进入"睡眠状态"。

植物的睡眠其实是一种自我保护运动。

不同的时间，光线、气温和空气湿度各有不同，植物便根据自身的习性，选择了不同的开花时间。

睡莲

为什么植物也有"寄生虫"？

这株植物看起来好像生病了。

在自然界中，有些植物并不是长在土里，而是长在其他植物的枝上，这种现象被称为"寄生"。寄生植物就像动物界的寄生虫一样，自身不能制造营养物质，而是靠吸收被寄生植物(称为寄主)体内的营养来维持生命。常见的寄生植物有菟丝子、列当、桑寄生等。

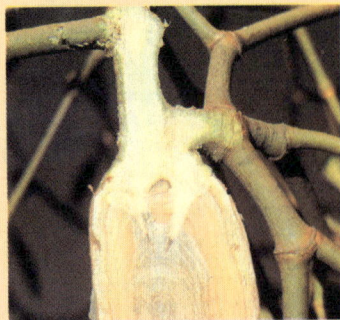

槲寄生的寄生根

植物会说话吗？

植物也像人一样，是会说话的。植物发出的声音人类听不见，但植物学家们却用先进的科学仪器捕捉到了植物说话的声音。他们发现：当植物口渴或缺乏某种营养时，会发出一种微弱的声音，表示要喝水或要补充养分。当一些植物受到害虫袭击时，也会产生某种化学物质，通知别的植物。

当植物说话时，叶子会微微颤动。

植物也有"血型"吗？

1983年，一位日本医生偶然发现荞麦有血型。随后，他研究了五百多种植物，结果发现植物基本上都是有血型的。苹果、萝卜、草莓、南瓜等六十多种植物的血型属于O型，罗汉松等十几种植物属于B型血，荞麦等则属于AB型血。

植物也有各种血型。

为什么高山上的植物比平地上的植物矮?

　　高山上的植物通常会显得比平原上矮一些。这是因为高山上的空气比较稀薄，阳光中抑制植物生长的紫外线很少被灰尘吸收掉，这成为植物无法长高的原因之一。其次，高山上土层较浅，高大的树木不容易生根，不利于植物的生长。再者，高山上的风比平地上的大，迫使植物尽量伏地生长。所以，高山植物通常较低矮。

山上的植物

> 瞧，高山上的植物果然比平地上的矮得多呢!

为什么水生植物不会腐烂?

　　水生植物根表皮的渗透力特别强，溶解在水中的空气能渗透到根的内部去，供给根部呼吸。同时，水生植物的茎部表皮与根一样，既能进行光合作用，又能吸收水中的空气。正是这种能适应水中生活的特殊构造和特殊功能使水生植物不会腐烂。

水生植物

果实和种子是一回事吗?

果实与种子是完全不同的两部分。当花朵完成授粉之后,花朵里面的子房会慢慢地膨胀长大,变成果实。同时,子房里的胚珠经过慢慢发育,长成种子。比如桃子的果实是指桃子外部可食用的果肉,而种子则是里面的桃核儿。因此可以说,果实和种子是完全不同的。

种子与果实

植物的种子都长在果实里吗?

A 种子都在果实里　　**B** 种子不都在果实里

这个问题的答案是B。只有被子植物的种子才是长在果实里的。而裸子植物没有果实只有种子,它们的种子都是露在外面的。如银杏树树枝上的白果就是银杏树的种子。

85

无籽西瓜是怎样培育出来的呢？

科研人员发现，瓜果是否结籽完全是由植物身体里的染色体决定的。染色体有单倍体、二倍体、三倍体几种，单倍体和三倍体的植物不会结籽。因此人们先用二倍体西瓜种子培养出同源四倍体西瓜，然后用四倍体西瓜和二倍体西瓜培育出三倍体西瓜。于是，无籽西瓜就诞生了。

西瓜是我们夏天常吃的水果。

为什么木头上能长出木耳来？

木耳是一种低等菌类，它不能进行光合作用生产养料，只能吸收现成的营养来生存。而腐朽的木头正好可以给木耳提供生长所需的营养。在木头上，木耳能产生一种孢子。孢子就像植物的种子一样，它们能长出许多细丝，钻进木头里吸取营养，然后慢慢长大并长出一片新的木耳来。

木耳是我们餐桌上常见的菜肴。

我要试试在土里种出木耳来！

为什么踩踩冬天的麦地对小麦有好处？

冬天是小麦苗长根和靠近地面的根长出分枝的时节，所以要给小麦的根更多的营养。为了使麦子根长得更好，可以到麦子地里去踩一踩。踩的过程中会将小麦的部分叶子踩掉，这样一来，小麦的生长速度就会减缓了，而把更多的营养留给了根部，麦根就可以长得更加结实了。

我要把麦地好好地踩踩！

冬天踩踩麦子地，来年春天小麦会长得更好。

海带是怎么长出来的？

海带与木耳一样，也是用孢子来繁殖后代的。最初，长长的海带上会长出许多像口袋一样的孢子囊，囊里有很多孢子。过一段时间，孢子囊自动破裂了，孢子就从中游出来。当游到海底岩石上后，孢子就会找一个适合的地点安定下来，慢慢地长出海带来。

海带

纺锤树为什么长得像纺锤？

沙漠地带干旱少雨，因此，沙漠里的植物都长有能够蓄水的特殊器官，如膨大的根、茎等。纺锤树就是一个很好的例子。它的根膨胀得特别大，像一个巨大的纺锤。每年雨季，纺锤树会长出少量的叶子，同时，依靠巨大的树身贮存水分，使得它在长长的旱季里不会因缺水而死亡。

这棵树怎么长得这么胖啊？

纺锤树

笑树为什么会发笑？

非洲生长着一种会发出笑声的树，当地人称之为"笑树"。其实，笑树并不是真的能像人那样张口大笑，而是由于在它的枝杈间，长着一个个能发出声音的小铃铛。这些小铃铛里面是个空腔，生着许多小滚珠。一阵风吹来，小滚珠在空腔里滚来滚去，就发出了类似笑声的奇特声音。

在树的大家族中，有一种奇异的笑树。

箭毒木为什么被称为"见血封喉"?

箭毒木又称箭毒树，是一种高大的常绿乔木，一般高25~30米。据说，箭毒木的树汁有剧毒，用这种树汁制成的毒箭射中野兽，几秒钟之内便能使野兽血液凝固、心脏停止跳动而死亡。如果树汁碰到人的皮肤伤口上，人也会死亡。所以箭毒木又被称为"见血封喉"。

箭毒木

除了沙枣外，骆驼刺、胡杨等也可以起到防风固沙的作用。

沙枣树为什么被称为"固沙卫士"?

沙枣树的根非常发达，不但扎得很深，而且伸得很广，可以寻找到地下深处的水分和营养。沙枣树庞大的根系能够"抓住"土壤，起到了固沙的作用。更重要的是，沙枣的根可以制造出氮肥，提高土壤的肥力，使更多植物能在沙漠中生存，从而也起到固沙作用。可见"固沙卫士"的誉称沙枣树当之无愧。

沙枣

面条树是什么树?

面条树是生长在非洲南部的一种奇特的树,它本来叫须果树,因为它能结出像面条一样的果实,所以又叫"面条树"。每年六七月间,面条树的枝头会挂满长长的果实,最长的达2米左右。收获季节,当地人把果实采摘下来,晒干收藏,吃时放在锅里煮熟,加入调料,就成为了非常可口的"面条"。

非洲沙漠里的绿洲

等一下让你也尝尝我烤制的面包果哦!

面包树真的能结面包吗?

在南太平洋的一些岛屿上生长有一种面包树。面包树所结的果实叫"面包果"。当地人从头年的十月到次年的七八月,可收获三次"面包果"。成熟后的面包果,只要放到火上烤一下就可食用,烤制后的面包果松软可口,香味扑鼻,吃起来跟面包十分相似。

面包树生长在南太平洋的一些小岛上。

可可树有什么用途？

可可树是一种常绿乔木，开白色或淡黄色的小花，所结的果实是长圆形的。果实成熟时就像橄榄球一样挂在树干上。可可树的果实是可可，它是制作巧克力的主要原料。可可中含有很高的蛋白质、脂肪等营养成分。磨好后的可可粉香中带点儿苦味，深受人们喜爱。

香甜的巧克力就是用可可树的果实为原料制成的。

油棕为什么被称为"世界油王"？

油棕是一种高大的、四季常绿的乔木，原产地是非洲的热带雨林。油棕的果实能榨油，它的果肉、果仁的含油率在60%~70%之间。一般来说，一亩油棕能产油200千克左右，是花生产油量的5倍，大豆产油量的10倍。因此，油棕便有了"世界油王"之称。

油棕

猪笼草为什么能吃虫子？

猪笼草一般生长在温暖潮湿的森林中。它的叶子如同一个个小瓶，小瓶中飘散出一股香甜的气味。很多小昆虫闻到这个气味就会被引到瓶口。瓶口很滑，昆虫们一不小心便会滑入瓶底，这时，瓶口的盖子会自动盖住，昆虫再也无法逃脱，它们的命运只能是被瓶底黏稠的消化液慢慢地掉化掉。

吃虫子的猪笼草

原来，柔弱的植物也可以吃掉动物。

世界上真的有"吃"人的植物吗？

据说在印度尼西亚爪哇岛上有一种叫奠柏的树。这种树长着许许多多的柔软枝条。这些枝条从树干一直拖到地上。如果行人不小心碰到它，它的枝条就会像魔爪似的一起向人伸过来，把人紧紧缠住。同时，树枝会很快地分泌出一种很黏的树胶，慢慢将人消化掉。

植物家族里有许多奇怪的成员，"吃"人植物就是其中之一。

为什么藕断了丝还连着？

我们平常所见到的藕其实是莲花在地下的茎。藕中导管的内壁上有许多环形和螺旋形的花纹，起着保护导管的作用。藕被折断时，螺纹导管就像弹簧一样，会被拉长而不断开，这就是藕丝。这些导管可以拉长，一松手又可以缩短，所以就有了"藕断丝连"的说法。

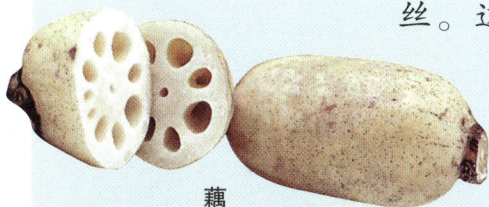

藕

藕是莲花的地下茎。

别看藕长在淤泥里，吃起来却格外清脆爽口呢！

藕片

藕里面为什么有许多圆孔呢？

A 使藕呼吸新鲜空气　　**B** 减轻重量，立于水中

这个问题的答案是A。植物和人一样需要呼吸。藕虽长时间生长在缺少空气的淤泥里，但通过这些小孔洞，它就可以呼吸到从荷叶传递来的新鲜空气了。

冬虫夏草是虫还是草啊?

冬虫夏草冬天时是一条虫子,夏天却变成小草,所以得名。其实,冬虫夏草是一种真菌,是虫草菌寄生在蝙蝠蛾幼虫上形成的复合体。秋末冬初,虫草菌便附着到在土里过冬的蝙蝠蛾幼虫身上,慢慢吸干它体内的营养,自己慢慢长大成菌核。到了夏天,菌核从幼虫的躯壳上长出,就变为一株小草了。

冬虫夏草

呵呵,真是又像小虫又像草。

蒲公英的种子为什么能飞上天?

在夏季的田野里,可以看到许多雪球般的蒲公英。每个"雪球"里都是蒲公英的众多种子,组成"雪球"的就是长在细长的种子顶上的一丛丛白色的绒毛。一阵风吹来,蒲公英的种子会飞到半空中,而顶上的绒毛则像一顶顶降落伞,将种子带到四面八方安家。

蒲公英可以乘风飞到很远的地方。

天山上的雪莲为什么不畏寒冷?

雪莲生长在全年都有着厚厚积雪的天山上，并能开出美丽的花朵。雪莲之所以不畏寒冷是因为它的叶子上长满了白色的绒毛，就如同一层棉衣般为雪莲的叶片阻挡了寒冷。每年7月，雪莲花盛开，花冠外长着苞叶，保护着娇嫩的花瓣，因而，雪莲才可以傲寒独放。

天山上盛开的雪莲花

荷花为什么能"出淤泥而不染"?

荷花是纯洁的象征，它从污泥中生长出来，却洁净无瑕。这是因为荷花和荷叶的表面有一层像蜡一样的物质，而且有许多乳头状的突起，这些突起间充满空气，使污泥脏水难以进入。这样，当荷花钻出水面时，脏东西就很难沾上去了，即使有少量污泥，也很快就被流动的水冲洗干净了。

荷花

夜来香为什么喜欢在夜间散发香味?

夜来香

夏季的夜晚,我们可以闻到夜来香幽幽的香气。这是因为夜来香靠夜间活动的飞蛾来传送花粉,所以它要在夜里发出香气吸引飞蛾。而且夜来香花瓣上的气孔会随着空气湿度增加而张大,夜里没有太阳,空气湿度大,花瓣上的气孔便能张开,这样散发出的香气就特别浓郁。

为什么水仙只要泡在水里就能开花?

春节前后,我们将买回的水仙放入清水中,不久,它就会开出娇嫩的花朵。这其中的秘密全在水仙大大的鳞茎上。

鳞茎在被我们买回来前,也是种在土里的,那时它便吸收并储存了大量的养分,所以只要把它放在水里,再加上适宜的阳光和温度,水仙就可以开花了。

只要有足够的水,就能看到漂亮的水仙花了!

水仙

什么颜色的花最少？

自然界中黑色的花十分稀少。这就同我们不喜欢在夏天穿黑色的衣服一样，因为黑色能最多地吸收阳光的热量，娇嫩的花儿怕被阳光晒坏，所以选择了红色、白色、黄色等吸收太阳热能少的颜色。另外，昆虫也喜欢鲜艳的颜色，而对黑色不理不睬，花儿为了吸引它们传粉，也尽量回避黑色。

花朵喜欢穿着鲜艳的"衣服"。

我最喜欢红色的小花了！

四季的花能同时开放吗？

只要掌握了花儿开放的规律，让四季的花同时开放是完全可以做到的。人们根据不同花卉对环境的喜好，满足它们各自的要求，就能让它们在原本不开花的季节里盛开。比如，梅花喜欢寒冷，石榴花喜欢炎热，控制好温度就能让它们提早或推迟开花了。

种植各类花草的原野

为什么菊花能傲霜斗雪?

深秋时,百花凋零,菊花却仍能开出美丽的花朵。因为在秋末温度逐渐降低时,菊花体内的淀粉在酶的作用下,转化成溶解于水中的单糖,这样一来,

细胞液的浓度增加了,即便是在气温降低的情况下,细胞也不容易结冰,大大提高了对抗严霜冰冻的本领。所以菊花能傲霜斗雪。

菊花

为什么蜡梅要在冬天开花?

大多数植物都在春夏开花,可是蜡梅却与众不同,它在温暖的季节里只长叶子,而在寒冷的冬天才会开放出金黄色的花朵。这是由于各种花都有不同的生长季节和开花习惯。蜡梅不怕寒冷,0℃左右是最适合它开花的温度,所以蜡梅总是要到冬天才开花。

蜡梅

好冷的天啊,蜡梅真是耐寒啊!

为什么许多鲜花会有毒？

　　自然界中的许多花草都是有毒的。有毒的花朵大都呈现出艳丽的颜色，这主要是为了吸引昆虫来为它传播花粉。可是它们又怕被动物吃掉，所以就用毒素做为"武器"，保护自己。水仙、萱草等就是有毒的花草，如果注意观察就会发现，牛羊等动物从来不碰它们。

许多野花虽然美丽，但含有毒素。

> 花朵也爱喝糖水吗？

为什么插花时加糖能延长鲜花的寿命？

A 糖分可提供营养　　**B** 糖可杀死水中的细菌

这个问题的答案是A。花朵通过根来获取营养，当花朵被摘下来后，便失去了营养的来源。插花时在水中加一些糖可以使水更有营养，这样鲜花就能开得更久一些了。

为什么灵芝被称为"仙草"？

灵芝是一种真菌植物，也是一种珍贵的中药材。灵芝对人体有很多益处，是非常有效的药材，可以治疗心悸、失眠、健忘、乏力等病症，还有止咳、养心安神等神奇的功效。另外，灵芝产于空气纯净的高山峻岭之中，十分难得，人们觉得它像仙境灵草一样神奇珍贵，因此称它为"仙草"。

"仙草"就是指珍贵的灵芝。

> 灵芝珍贵难得，难怪被称为"仙草"喽！

为什么甘草被称为"中药之王"？

甘草是一种多年生草本植物，根部有甜味，可以入药。甘草有止泻、止咳、润肺、解百毒等多种功效。近年来的科学研究表明，甘草还具有较强的抗癌作用。因此，中医在开方时绝大部分都得用上甘草，甘草也就被称为"中药之王"了。

"中药之王"——甘草

为什么人参很珍贵?

人参生长在人迹罕至的森林里，是一种特别珍贵的药材。人参对人体有很多益处，能强身健体、延年益寿，是著名的滋补良药。人参的数量非常稀少，因为它对生长环境的要求很高。只有在15℃~20℃时，人参才能正常生长。正是因为人参药效奇特而且数量稀少，所以一直被人们奉为珍品。

人参

红茶和绿茶有什么不同?

红茶和绿茶都是产于同一种茶树，但颜色与味道却是完全不同的，造成这种差别的原因在于加工方法的不同。红茶是茶叶摘下来后，经过发酵，变为红褐色后制成的。绿茶则是将新鲜的茶叶直接在锅中烘炒而制成的。因此，红褐色的红茶香醇，而碧绿色的绿茶清香。

真想喝杯清香的绿茶呀!

茶是世界三大饮料之一。

第四章

STUDENTS BOOKS

可爱的动物

KEAI DE DONGWU

地球上生存着的动物约有150万种，从寒带到热带，从森林到沙漠，从海洋深处到高山顶峰，到处都有动物的踪迹。大到以吨计算的蓝鲸和大象，小到肉眼看不到的草履虫，各种各样的动物以它们特有的方式演绎着生命的华章。动物的外形千差万别，各有千秋的完美进化令它们适应了大自然的种种考验，也使我们的家园变得丰富多彩、生机盎然……

动物的血都是红色的吗？

绝大多数动物的血液是红色的，但也有一些动物的血液是其他颜色的。如蜘蛛的血是青绿色的，而河蚌的血是淡蓝色的……血液的颜色是由血色蛋白含有的元素决定的。动物们在进化过程中，血淋巴中溶解的血色蛋白各不相同，所以血液也就五颜六色了。

哇，这里有好多透明的小鱼呢。

蜘蛛的血是青绿色的。

为什么有些动物的身体是透明的？

在动物王国中，有许多动物的身体是透明的，如玻璃鱼、水晶虾、水母、生活在南美洲的蛇眼蝴蝶等。这些动物具有透明度很高的肌肉组织和皮肤组织，肌肉和皮肤组织中几乎没有色素细胞，因而它们的身体也就没有颜色，看起来便是透明的了。

栉水母的身体是透明的。

为什么动物的舌头奇形怪状？

动物的舌头具有多种功能，如狮子的舌头上长有许多肉刺，当吞食猎物时，舌头能将猎物骨头上的碎肉舔干净；长颈鹿的舌头长达60厘米，十分有利于卷食高处的树叶。由此可知，不同的舌头对动物有不同的用处，形状各异的舌头是动物们适应环境的一种手段。

狮子的舌头上长有肉刺。

长颈鹿的舌头有60厘米长。

为什么动物的尾巴千差万别？

动物的尾巴之所以千差万别，是因为它们各有妙用。鱼类的尾巴能推动鱼儿在水中前进，同时又能控制方向。蜥蜴与壁虎被袭击时，能将尾巴留下转移对方注意力，自己趁机逃之夭夭。卷尾猴的尾巴具有出众的缠绕能力，使它可以攀登爬树。袋鼠的尾巴粗壮有力。它跳跃时，尾巴就像秤杆一样，保持着身体的平衡。可见，形状各异的尾巴是动物们长期进化的结果。

蜥蜴

为什么水母会蜇人？

水母的形状好像一只降落伞，它全身没有骨骼，肉质细嫩，但它却有厉害的防卫武器——触手。水母的触手上有许多刺细胞，每个刺细胞外有两根刺针，里面有许多的刺丝。一旦遇到敌害，水母就会将刺针发射出去，并同时放出具有腐蚀性的毒液，直刺敌人体内。这时，敌人就会渐渐失去知觉，直至死亡。

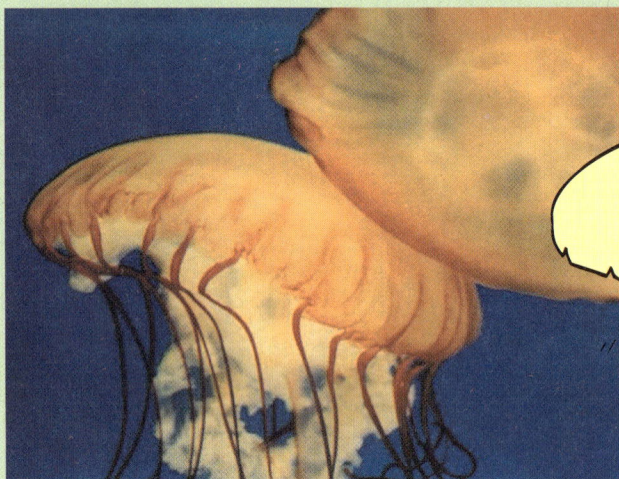

> 小心点，我可是会蜇人的。

水母的触手中藏有毒液。

水母是怎样预知风暴的?

A 听到风暴的声音 **B** 感觉到波涛的变化

这个问题的答案是A。风暴来临之前，会产生出一种人感觉不到的振动频率为8～13赫兹的次声波。次声波传播的速度比风暴快得多，水母能听到这种次声波，因而可以预知风暴。

珊瑚是怎样形成的?

珊瑚其实是由一种被称为珊瑚虫的动物形成的。珊瑚虫大多群居生活,成千上万只珊瑚虫死亡后,它们的遗骨就会渐渐堆积起来,形成珊瑚,并在上面长出新的珊瑚虫。新一代的珊瑚虫在先辈的坟墓上建造自己的巢穴,使珊瑚像建造高楼般一代代增高。

珊瑚虫总是聚集在一起,它们多生活在热带海洋里。

为什么蛤、蚌能产珍珠?

蛤与蚌的硬壳内壁上长有一层柔软的膜,这层膜像外套一样包裹着蛤、蚌柔软的身体,所以叫做外套膜。当水中的砂粒进入贝壳与外套膜之间时,外套膜会因受到刺激而分泌出珍珠质,将砂粒一层层包裹住,久而久之,就形成了珍珠。

漂亮的珍珠饰物

为什么螃蟹要横着走?

螃蟹的每只脚都由7节组成,关节只能上下活动。大多数螃蟹头胸部的宽度大于长度,因而爬行时只能一侧脚弯曲,用足尖抓住地面,另一侧脚向外伸展,当足尖够到远处地面时便开始收缩,原先弯曲的一侧脚马上伸直,把身体推向相反的一侧。因而螃蟹就会横着走了。

螃蟹只会横着走。

剪刀蟹

蜘蛛是怎样结网的?

蜘蛛结网时,从腹部后端的喷丝头中喷出液体丝并固定,然后拽着这根丝往下爬,将丝的另一头附着在另一固定点。蜘蛛反复进行这项工作,直到形成一个类似车轮辐条状的轮廓。之后,蜘蛛从中心开始一圈一圈地连接所有的辐条,织出越来越大的同心圆,形成蛛网。

蜘蛛网是由蜘蛛腹部喷丝头中喷出的液体丝形成的。

蚕是怎么吐丝结茧的?

蚕在吐丝时,头上的肌肉会不停地伸缩,将液态的丝抽压出来,与空气接触后,液态的丝便凝固成细长的固体丝。蚕吐出的丝排列成一圈圈整齐的"8"字形,慢慢形成茧。蚕的茧都是两头稍细,中间稍粗,很像一颗花生。每结一枚茧,蚕都要两头不停地忙活数百次。

蚕和蚕蛾

瞧,蚕宝宝又要开始吐丝啦!

为什么萤火虫会闪闪发光?

A 萤火虫能反射月光 B 萤火虫具有发光细胞

这个问题的答案是B。萤火虫的腹部有能发光的细胞。发光细胞里含有两种特别的成分:一种叫做荧光素,一种叫做荧光酶。荧光素与荧光酶能发生氧化反应,产生一闪一闪的光亮。

为什么深海鱼常常发光?

在海洋里,许多深海鱼类都会发光,因为这些鱼的体内有发光器。例如灯鱼的发光器左右对称地分布排列在腹部的两旁;牙买加灯笼眼鱼如小灯笼的眼睛,就是发光器。深海鱼发光器中的发光物其实是一些会发光的细菌。因为深海鱼类生活在漆黑的深海中,为了捕食与御敌,深海鱼渐渐演化出了这种发光的本领。

会发光的深海鱼

星星鱼发出的光忽明忽暗,如空中的繁星。

为什么热带鱼的体色会五彩缤纷?

热带海洋中的热带鱼有着五彩缤纷的体色,这是与周围海水环境相适应的,是它们的保护色。这些艳丽的色彩来自于热带鱼真皮中的色素细胞。沉积于细胞中的色素颗粒有红色、橘色、黄色、黑色等原色,其他的颜色、花纹、斑点等则是通过这几种颜色配合而成。

五彩缤纷的热带鱼

红的、蓝的、黄的……好多漂亮的鱼啊!

飞鱼是怎样"飞"起来的？

飞鱼

飞鱼起"飞"时，会先加快游动速度。当头部露出水面时，飞鱼张开胸鳍，使身体上升。跃出水面后，再将腹鳍张开，借助海风和海浪向前涌去的上升气流，使身体向前冲射滑行。但飞鱼只能在水面上"飞行"几秒钟，之后又会重新回到水中。飞鱼"飞行"是为了逃避敌人的追捕。

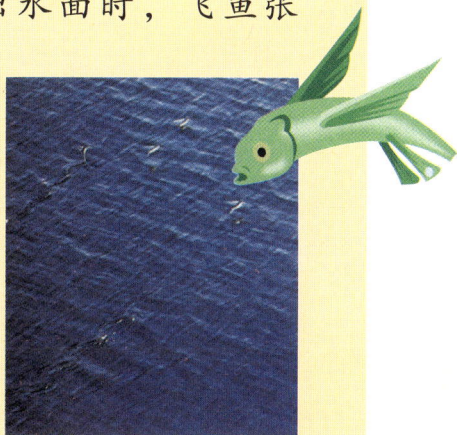

在海面上飞行的飞鱼

为什么电鳗能放电？

在热带海边，有上百种的水生动物能放电，电鳗就是其中之一。电鳗的肌肉是由多达8000枚肌肉薄片重叠排列组成的。每片之间都由胶质的白色条状物隔开，中间连接着许多神经，那一枚枚的肌肉薄片都像一个个小"电池"，能够发出300～500伏特的电压，最高能达886伏特，足以把一些鱼电死。

电鳗

想不到，动物也能将电作为武器呢！

111

小海马是爸爸生的吗?

在海马的世界里,负责生育后代的竟然是雄性海马。雄海马的肚子上有一个育儿袋,雌性海马把卵产在里面之后,孕育小海马的光荣使命就由雄海马来完成了。小海马出生时,雄海马用尾巴勾住身体。同时,它的育儿袋也会开一个小口,一只只小海马就会从里面跳出来了。

海马

小海马的出生

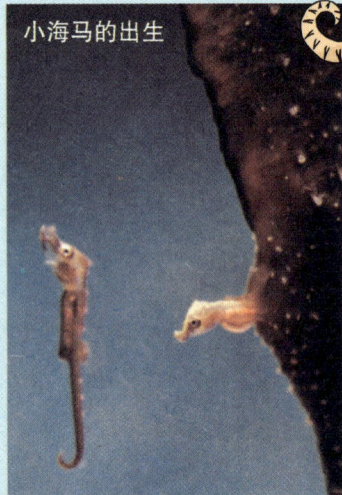

为什么绿毛龟会长出绿毛来?

绿毛龟的身上长满了绿毛,这些绿毛其实是寄生在龟背上的水生低等绿色植物——丝状绿藻,包括刚毛藻和基枝藻等。当龟在刚毛藻或基枝藻生长的地方觅食时,藻体成熟释放出的孢子就固着在了龟背上。龟的行动迟缓,有利于孢子的生长,久而久之,龟就会长出浓密的"绿毛"来了。

我的小龟什么时候才能长出绿毛呢?

绿毛龟

为什么有的恐龙长肉冠？

恐龙的肉冠内有一些从鼻胃向上弯曲的管。这些管道如同小号中的金属弯管，恐龙可以通过它来鸣叫。恐龙在有危险时用肉冠发出鸣叫声，警告群体中其他的恐龙。不同的恐龙会有不同的肉冠和鸣叫声，通过这些特点，可以帮助它们辨别自己群体中的成员、与群体保持联系以及寻找配偶。

长有肉冠的恐龙

中生代时期，地球上生活着许多恐龙。

为什么恐龙会灭绝？

戟龙

关于恐龙灭绝的原因，有两种基本的说法：一种是灾变说，一种是渐变说。持灾变说的科学家猜测，6500万年前的某一天，地球突然天降大灾，致使恐龙在一年或几年中灭绝。而渐变说则猜测，8000万年前，地球上的气候开始变冷，恐龙不能适应这种变化，只能慢慢走向灭亡。

为什么蛇能吞下比它的头大得多的食物？

蛇的下巴可以向下张得很大，因为蛇头部接连到下巴的几块骨头不像其他动物那样与头部连接在一起，而是可以完全分开的。同时，蛇左右下巴之间的骨头也可以向两侧张大，因此，蛇的嘴巴不但上下可以张得很开，而且左右也不受限制，这样它就可以将羊、鹿等动物整吞入腹中了。

什么？蛇可以整吞下一只羊？

蛇正在吞食猎物。

为什么眼镜蛇会跳舞？

从事表演的眼镜蛇之所以会随着音乐摆动，并不是真的在闻乐起舞，因为眼镜蛇天生没有听觉，它的摆动，完全是自然反应，是因为舞蛇者的戏弄而昂首发怒，颈部因此膨胀。这时，眼镜蛇会注视着舞蛇者，随着他身体的左右摇动而摇摆着自己的头部，想要趁机咬舞蛇者一口。

眼镜蛇

变色龙为什么会变色？

变色龙

变色龙会随着周围环境的不同而变成各种颜色。它之所以能变换体色，主要是因为它的眼睛受外界光线的刺激后，中枢神经能将光线的刺激传给体内的色素细胞。这时，变色龙看到什么颜色，身体表面就会变成什么颜色。除光线外，情感等的变化也会改变它的体色。

为什么鳄鱼会"流泪"？

鳄鱼"流泪"是一种自然的生理现象。它们"流泪"的目的是要排泄体内多余的盐分。鳄鱼的肾功能不完善，无法排泄体内多余的盐分，也不可能通过出汗排盐，所以只能通过特殊的盐腺来排盐。而盐腺导管的开口正好在眼睛附近，所以，每当它将盐分排出时，就好像是在流泪一样。

凶恶的大鳄鱼吞食下一只小野牛。

为什么鸟会飞？

展翅翱翔的飞鸟

鸟类之所以能够自由飞行，除了因为有翅膀外，还有适应于飞行的一系列身体结构。鸟骨非常轻，而且中间有很多空隙。鸟儿吸气时，空气不仅进到肺中，而且一直深入骨腔。这样能减轻体重，便于飞翔。同时，鸟类胸骨上三角形的龙骨突起，增加了肌肉的连接力，这也是鸟类飞翔的秘诀。

鸟儿睡觉时会稳稳地立在树枝上。

难怪小鸟这么轻，原来它的骨头里是空的啊！

为什么鸟在树上睡觉不会摔下来？

A 鸟的脚会握紧树枝　　**B** 张开翅膀保持平衡

这个问题的答案是A。鸟的脚有一个锁扣机关，长有屈肌和筋腱，非常适合抓住树枝。当鸟全身放松蹲下睡觉时，它能用身体的重压使脚趾自动紧握住树枝，绝不会摔下来。

为什么鸟站在电线上也没事？

高高架于空中的电线共有4根，一根是和地连接的"地线"，三根是不与地连接的"火线"。人如果碰到火线，自己又站在地上，电流就会从人身上通过，使人触电。而小鸟却只站在一根高压电线上，不与其他线或是地面接触，所以身体里就没有电流通过，也就不会触电了。

小鸟不怕触电，因为它们的双脚没有同时连接地线和火线。

为什么候鸟在夜间飞行也不会迷路？

候鸟随着气候的变化而迁徙，春天它们由南往北飞，在北方繁殖；秋天，它们又飞向南方，在南方越冬。在飞行过程中，即使是晚上，候鸟也不会迷路。实验证明，这些候鸟能依据星座辨认方向，有利用天象导航的本领。不仅如此，候鸟还能察觉出磁场和重力场，帮助自己辨认方向。

飞行途中，燕子在一艘船上停留休息。

为什么企鹅不怕冷?

企鹅全身的羽毛呈重叠、密集的鳞片状，这种特殊的"羽被"，不但海水难以浸透，就是气温在零下近百摄氏度，也休想攻破它保温的防线。而且，在企鹅的皮层下面，有一层厚厚的脂肪层，对防止体温散失起到了很好的作用。所以，企鹅能在地球上最寒冷的南极生存下去。

企鹅

企鹅厚厚的羽毛比我的衣服要暖和得多呢!

为什么称军舰鸟为"强盗鸟"?

军舰鸟是一种大型热带海鸟，生活在太平洋、印度洋的热带地区。军舰鸟每当看到红脚鲣鸟捕鱼归来时，常常会对它们突然发起"空袭"，迫使红脚鲣鸟放弃口中的鱼虾逃走，之后，军舰鸟便会急速俯冲，攫取下坠的鱼虾，占为己有。由于军舰鸟的这种"抢劫"行为，人们便称它为"强盗鸟"。

雌、雄军舰鸟

为什么鹤要用一只脚站着睡觉?

鹤有许多强大的天敌,必须保持高度的警惕性。如果它躺下睡觉,遇上险情时就会来不急逃脱。而鹤的腿细长,无法长时间承受身体的重量。它只好在睡觉或休息时,用一只脚站在地上,另一只脚收缩起来休息。过一会儿,再放下另一只脚替换。这样它们就既不会感到吃力又可以迅速逃离危险了。

鹤用一只脚站着睡觉。

正在排队飞行的大雁

为什么大雁要排队飞行?

大雁在飞行时,会利用上升的气流在空中滑行,以节省体力。头雁的翅膀在空中划过时,翅尖会产生微弱的上升气流,后面的雁为了利用这股气流,就紧跟在前面雁的翅尖后面飞。这样就会排列成整齐的雁队。除此之外,排列成队形飞行,还有利于避免雁群中的幼雁受到天敌的危害。

飞行的雁群

我们吃的燕窝就是家燕做的窝吗？

燕窝是一种营养价值很高的滋补品，它是由一种叫"金丝燕"的雨燕用唾液做成的。金丝燕选择在悬崖峭壁上筑巢，它们把嘴里的唾液吐到岩壁上，胶质的唾液遇到空气就会迅速变成丝状，具有很高的强度和附着力。经过无数次的涂抹，一个半圆形的燕窝才能完成。

燕子来啦，快跑啊！

燕窝是十分名贵的滋补品。

燕子

为什么说"燕子低飞要下雨"？

A 为了捕捉低飞的昆虫　　**B** 为了寻找蔽雨之处

这个问题的答案是A。要下雨时，空气里的水汽会将昆虫的翅膀沾湿，昆虫便无法飞高。这时燕子在高空无法捕捉到虫子，便会低飞来捕食了。"燕子低飞要下雨"的民间谚语也因此而来。

为什么鸭子走路总是一摇一摆的?

鸭子走起路来总是摇摇晃晃的,这是它的体态结构造成的。鸭子走路时的重心靠后,因此容易向前跌倒。为了维持平衡,鸭子只好将身体稍向后倾斜。加上鸭子的脚很短,走路时身体随之摆动的幅度很明显。

因此,既要维持身体平衡,又要交换两只短脚向前行进,走路时自然就一摇一摆了。

正在觅食的鸭子

为什么鸡要吃沙子?

鸡与其他鸟类一样,只有坚硬的嘴,却没有牙齿。鸡吞下的食物会先经嗉子变软。接着到达砂囊。在这里,食物掺着鸡吞食的沙粒开始消化。砂囊的肌肉收缩强而有力,这样,在它的用力蠕动和沙粒的磨擦下,那些食物就被磨碎了,之后鸡就可以彻底消化食物,吸收营养了。

鸡

鸡用吃进的沙子把食物磨碎。

为什么杜鹃能借窝繁殖后代?

雌杜鹃产卵前,会找到画眉、芦苇莺等小鸟的巢穴,趁巢主不在时将自己的蛋下在它们的巢中,之后再衔走一颗巢里的蛋。杜鹃的蛋与巢主鸟的蛋十分相似,其他小鸟难辨真假。就这样,不明所以的巢主就会将杜鹃的后代当做自己的孩子扶养长大了。

原来,杜鹃都是由"养母"抚养长大的!

画眉等小鸟通常会成为杜鹃的"养母"。

为什么孔雀要开屏?

A 为与人比美　　B 为追求配偶

这个问题的答案是B。开屏是雄孔雀求偶的表现。这种动作是动物生殖腺分泌的性激素刺激的结果。随着繁育季节的结束,孔雀开屏的现象就会逐渐消失了。

为什么蜂鸟能在半空中停留？

蜂鸟喜欢吃花蕊中的蜜汁和躲藏在花中心的昆虫，但这些花十分娇嫩，如果蜂鸟停在花上，花朵就会支持不住它的重量。所以，蜂鸟的翅膀就进化为每秒钟能急速振动50～70次，并能像直升飞机一样垂直起落和半空停留，这样，它就能将喙伸到花中去取蜜和虫子了。

> 蜂鸟真的像直升机一样停留在那里呢！

猫头鹰可以在黑暗中准确地捕捉到猎物。

为什么说猫头鹰是"夜间猎手"？

猫头鹰眼睛的视网膜里有许多圆柱形的感光细胞，这使它对黄昏或夜间的微弱光线特别敏感，它感受弱光的能力比人眼还要强100倍，因而能够在黑夜里准确地捕捉到目标。另外，猫头鹰的耳孔很大，耳壳发达，地面上任何细微的声音，它都能听到。正是由于这些特点，猫头鹰又被称为"夜间猎手"。

为什么说鸭嘴兽是哺乳动物？

我们知道，爬行动物和鸟类是卵生；哺乳动物是胎生，并用乳汁哺育孩子。但鸭嘴兽却与众不同，它是一种会生蛋的哺乳动物。雌性鸭嘴兽会在每年10月间生下软壳蛋。小鸭嘴兽破壳而出后，雌性鸭嘴兽会仰面朝天地躺着，让小兽爬到它的肚子上吸奶汁。根据哺乳这一特点，人们将鸭嘴兽归入哺乳动物的行列。

鸭嘴兽妈妈正在给小鸭嘴兽喂奶。

想不通，这个口袋是做什么用的呢？

为什么袋鼠妈妈腹部有个口袋？

雌性袋鼠怀孕四五个星期后会产下幼仔，刚出生的小袋鼠只有蚕虫大小，完全没有自己生存的能力。小袋鼠会爬进袋鼠妈妈腹部的育儿袋中，叼着袋里的乳头发育成长。200天后，小袋鼠可外出活动，但一有危险就钻回袋中，由妈妈带着逃走。可见，有了这个口袋，小袋鼠才得以健康地长大。

小袋鼠在妈妈的口袋里长大。

树袋熊的口袋在背上吗?

树袋熊妈妈与袋鼠一样,也有一个用来安置宝宝的口袋。在大洋洲的森林里,常能看到树袋熊背着小树袋熊在树上慢慢爬行,有人便误认为树袋熊的口袋在背部。其实,树袋熊的口袋不在背上,而是长在腹部,并向后开口,这样的结构是为了让小树袋熊可以更方便地爬进育儿袋中。

见过树袋熊吗?它们主要生活在澳大利亚哦!

小树袋熊经常趴在妈妈的背上。

为什么树袋熊是香香的?

树袋熊也叫"考拉",意思是"不喝水",树袋熊一生的大部分时间都待在桉树上,饥渴时就以嫩绿新鲜的桉树叶为食。桉树叶所含的水分较多,足以供应树袋熊身体所需的水分。同时,桉树叶里含有一种特殊的成分,能发出香味,所以,吃了大量桉树叶的树袋熊身上就总是会散发出一阵清香的味道。

树袋熊最喜欢趴在桉树上,那里有它最爱吃的树叶。

为什么蝙蝠总是倒挂着休息或睡觉？

当蝙蝠落在地上时，只能伏在地上，身子和翼膜都贴着地面，无法站立或行走，也不易飞起来，只能匍匐爬行，很不灵活。如果它们挂在高处，遇到危急时，就可以随时伸展翼膜起飞，非常灵活。另外，挂在高处，还可避免与冰冷的顶壁接触，加上翼膜的包裹，有利于蝙蝠度过冬眠期。

冬天时，蝙蝠会集体倒挂在洞穴里冬眠。

为什么海牛被称为"美人鱼"？

海牛

"美人鱼"实际是生活在海洋和河道中的海兽，叫海牛。海牛与人有些相似之处。首先是它能够站立在海中；其次是海牛的乳头位于前肢根部的地方，也就是胸部的位置，当它们处于哺乳期时，乳头会变得非常突出。因此，当海牛从波涛汹涌的大海中探出半身时，朦胧中会被人看成是一位美女。

为什么老鼠喜欢磨牙?

老鼠能吃很多东西,甚至连木桌木柜等木制品也不放过。这是因为老鼠的门牙特别发达,而且在不断地生长着。如果不咬硬东西,那对门牙就会无休止地长长,不但会妨碍自己进食,更会危及到生命,所以,老鼠才总会啃咬一些木制品来将牙齿磨短。

老鼠必须不停地磨牙,才不会让门牙妨碍自己进食。

这只小松鼠要将食物藏到哪里呢?

松鼠怎样储存食物?

松鼠会在秋天果实成熟时四处搜集食物。找到食物后,松鼠会将它们含在嘴中,运送到安全的地方分成几份藏起来。大多数情况下,松鼠会将食物埋入地下。到了冬天,大地被白雪覆盖,松鼠会凭借它灵敏的嗅觉毫不费劲地找到所藏的食物,美美地饱餐一顿。

松鼠把采集到的食物藏在地下的洞里,还会用泥土和树叶把洞口盖好。

狗为什么对陌生人叫？

狗是由狼驯化而来的，但还保有一些狼的习性。狼群中，每当有其他的动物侵入它们的领地时，它们就会大声地叫，以便通知同伴共同赶走敌人。现在，人们把狗养在家中，狗就将主人的家看成是自己的领地，当有陌生人的时候，为了维护自己的地盘，就会对陌生人叫个不停。

狗总是会对陌生人叫个不停。

为什么狼的眼睛能在夜里发光？

只要有一点点光线，狼就能看清物体了。

狼的瞳孔深处有一层薄膜，薄膜上有许多特殊的晶点，这些晶点有很强的反射光线的能力。狼在夜间出来活动的时候，眼睛里的晶点会把它周围微弱的分散光线聚集起来，然后再将光线集中地反射出去，这样看起来就好像狼的眼睛在放光一样。

狼

为什么猫的眼睛会一日三变？

猫的眼球瞳孔很大，而且瞳孔的收缩能力也特别强。在不同的光线下，猫可以很好地调节瞳孔与之相适应。在早晨温和阳光的照射下，瞳孔成枣核儿状；中午强烈的阳光照射下，瞳孔会缩成一条缝；晚上昏暗的光线下，瞳孔又放成满月状。所以说，猫的眼睛会一日三变。

猫

瞧，小猫的眼睛又变得又圆又大了。

为什么猎豹奔跑时能疾如闪电？

猎豹的最高奔跑时速可达到110千米。这得意于它特殊的身体条件。猎豹的四肢特别长，一步就能蹿出很远，它的脊柱弹性也很好，在奔跑时可将身体弹向前方。此外，猎豹的肺活量很大，使得它在快速奔跑时有足够的氧气供应，而长长的尾巴，也起着平衡作用，使猎豹在奔跑时不会跌倒。

猎豹

为什么北极熊在冰上奔跑时不会摔跤?

北极熊生活在北极地区,喜欢独居,常随浮冰漂泊。北极一带常年天寒地冻,北极熊却能在茫茫的冰原上奔跑而不会摔跤,这是因为北极熊的脚底长有一层密密的毛,而非光滑的肉掌。这使它奔跑时脚掌与冰面之间的摩擦力增大了,因而不会摔跤。

可爱的北极熊

为什么大象用鼻子吸水时不会被呛着?

大象鼻腔后面的食道上方有一块软骨,当它用长鼻子吸水,水进入鼻腔时,受大脑中枢神经的支配,这块软骨会暂时将气管口堵上,水就由鼻腔进入食道,而不会进入气管,因此也不会呛入与气管相通的肺内;喷水时,软骨离开原先的位置,大象通过呼气就能将水喷出。

大象在吸水。

马为什么站着睡觉?

家养的马都是由野马驯化而来的，马站着睡觉是继承了野马的生活习性。野马是生活在草原上的食草动物，经常会受到食肉猛兽的威胁。因此，它们睡觉时从不躺下，而是像白天那样扬着头站着，闭上眼睛睡觉。这样的睡觉姿势，具有防御敌害与方便逃跑的作用。

马

斑马

斑马的花纹是为了更好地保护自己哦!

为什么斑马身上长有美丽的花纹?

A 为了保护自己   B 为了更加美观

这个问题的答案是A。由于黑白两色吸收和反射光线的不同，能破坏和分散斑马身形的轮廓，使斑马与周围环境融为一体，不被猛兽发现，起到自我保护的作用。

河马为什么会出红色的汗?

在干燥的夏季,河马身上会分泌出一种红色的"血汗"。因为河马的大部分时间都是在强烈阳光的照射下度过的,血汗中的特殊物质可以使河马的皮肤保持凉爽。另外,在河马受伤时,血汗还能在一定程度上使河马抵御细菌的侵扰,起到消毒的作用。

河马

> 喂,老兄,总泡在水里干吗?

为什么河马总喜欢泡在水里?

首先,河马的皮肤非常敏感,如果长时间不待在水里,皮肤就会干裂。其次,河马的鼻孔、眼睛和耳朵呈一条直线,这样,它只须将头顶露出水面就能嗅、视、听兼呼吸了。最重要的是,当河马遇到敌害时,能一口气潜游到几百米之外的地方去躲避。所以水中是河马最安全的地方,它总是泡在水里。

河马总是喜欢呆在水中。

为什么骆驼被称为"沙漠之舟"？

骆驼最大的本领是在沙漠中能十天半月不喝水，并且不停地跋涉。如果一只骆驼驮200千克重的货物，每天走40千米，它能够在沙漠中连续走3天。空身时，它每小时可跑15千米，且能连续8小时不停。所以，用"沙漠之舟"来褒奖它，它是当之无愧的。

双驼峰骆驼

长颈鹿的脖子为什么很长？

长颈鹿是陆地上最高的动物。其实在远古时期，长颈鹿的躯体只有小鹿那样大，以地面上的青草为食。后来，地球环境发生改变，草原大片荒芜。为了生存下去，长颈鹿就努力伸长脖子，吃树上的嫩叶子。经过一代又一代的进化，长颈鹿的脖子越来越长，最终成了现在的样子。

长颈鹿的长脖子是它们适应环境变化的结果。

为什么鹿茸要及时割？

鹿角每年脱换一次。新长出的角外蒙着一层毛绒绒的皮，皮上分布着血管，可以输送养分，这新长出的"嫩"鹿角就是鹿茸。鹿茸是滋补的良药，能强身健脑。但要在鹿角没有变成骨质角之前及时割鹿茸，这样才能保证它的药用价值。如果等鹿角长成才割下，就不是鹿茸了，也失去了药用价值。

鹿茸有极高的药用价值，但是为获得鹿茸而猎杀鹿是不可取的。

为什么麋鹿又叫"四不像"？

麋鹿是鹿科的一种哺乳动物。麋鹿的角有点像鹿角，但没有鹿角那么大。它的蹄像牛，但没有牛那样粗壮。麋鹿的尾巴像驴，但没有驴的尾巴那么大。它的头长得像马，但没有马那么长。正因为它"角似鹿而非鹿，蹄似牛而非牛，尾似驴而非驴，头似马而马"，所以们就叫它"四不像"。

唉？奇怪，这倒底是什么动物呢？

麋鹿

怎样识别猴群中的猴王？

猴王通常不会混迹于群猴之间，独坐高处的就是猴王。猴王为了显示自己特殊的地位，除了占领制高点以外，还会把高高翘起的尾巴弯成"S"状，就像一根权杖，这种动作是其他猴子绝不敢仿效的，否则会遭到猴王严厉的惩罚。知道了猴王这些与众不同的特点，就能从猴群中找到它了。

其实我们是很爱干净的！

为什么猴子要给同伴"捉虱子"？

A 除去身上的寄生虫　　**B** 补充盐分

这个问题的答案是B。猴子常会在同伴身上拾取什么东西放入嘴中，人们以为这是猴子在给同伴"捉虱子"，其实这是猴子在取食同伴皮肤中排泄出来的盐粒，以补充自身对盐分的需求。

第五章

STUDENTS BOOKS

奇妙的人体

QIMIAO DE RENTI

人体是一个复杂而奇妙的庞大机体，人体各个器官的完善与巧妙，展示着地球生物进化的完美杰作。地球上的70多亿人都拥有着不同于他人的性格特征和体貌特点。即使双胞胎，也仍有很多不同之处。人体的独特与奇妙由此可见一斑。如果你想了解更多的人体奥妙，那就翻开本章，自己来寻找答案吧！

为什么不同的人种会有不同的肤色？

世界上，不同地区的人肤色也有所不同，这是因为人的肤色是由皮肤里黑色素的多少决定的。黑色素越多皮肤越黑。白种人皮肤里的黑色素最少，黑种人的黑色素最多，大多数亚洲人皮肤里的黑色素比黑种人少，比白种人多，皮肤是黄色的，所以被称为黄种人。

肤色不同的小朋友

为什么老人的脸上会有皱纹呢？

老人的脸上有许多皱纹。

人在年轻的时候，皮肤下面的脂肪和皮下组织十分丰富，这些物质将皮肤填得满满的，皮肤就会被绷得很紧，看上去又光滑又平坦。但当人老了之后，皮下脂肪减少，皮下组织也萎缩了，撑不起原来那么光滑的皮肤，皮肤就会变松，塌瘪下来，皱纹也会随着年纪的增长而越来越多了。

伤口快好时为什么会发痒呢？

在伤口愈合的过程中，皮肤和皮肤下面受伤的血管和神经都会长出新的组织。新组织里的血管特别密，经常会挤压到那些新长出来的神经组织。这样一挤压，敏感的新生神经就会有反应，人就感觉很痒。不过，新生的神经很快就会习惯这种挤压，发痒的感觉也就随之消失了。

哇，伤口处好痒啊！

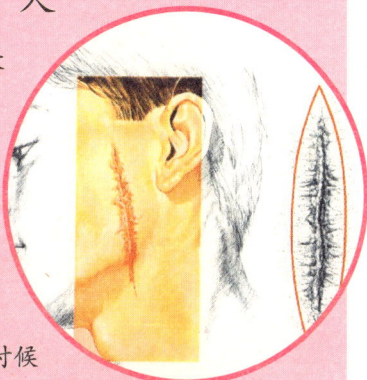

伤口快好的时候会发痒。

为什么有的人会有头皮屑呢？

头皮和人体其他部分的皮肤结构是相同的，最外面的一层也是角质层。角质层会不断老化、脱落，新的细胞不断补充。那些脱落的细胞再混合一些皮肤上的油脂就构成了头皮屑。寒冷的冬天，头皮的皮脂分泌得少了，头皮就变得干燥，角质层容易裂开、脱落，头皮就增多了。

显微镜下的人体头部皮肤

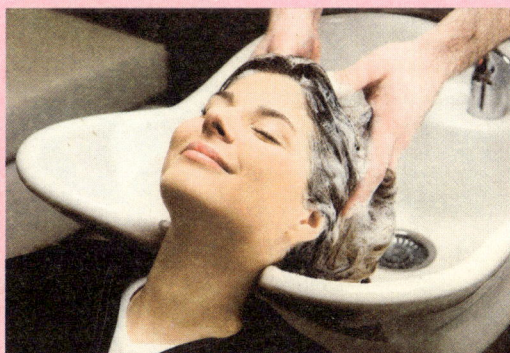

经常清洗头发，可以减少头皮屑。

为什么说大脑是人体的指挥中心？

大脑位于脑的最上端，形状有点像核桃仁，体积很大，占据了脑的大部分。人类的每个组成器官都受大脑的统一指挥。比如某人正在行走时听到后面有人喊他，耳朵就会将这个信息通过神经传递给大脑，大脑会对这个信息进行分析处理，再将指令传达到脚，使脚部的肌肉和骨骼停止前进。

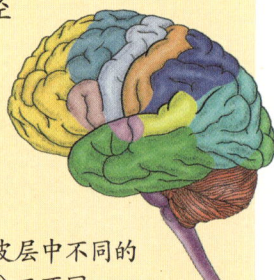

大脑位于脑的最上端。

大脑皮层中不同的部位分工不同。

为什么锻炼左手能使大脑变得更聪明？

我们的大脑分左右两个半球，左脑半球支配着身体右侧的大部分活动，右脑半球则控制着身体的左侧。很多人习惯用右手，这对发展大脑左半球有利。如果少年儿童们经常用左手，就有更多的机会锻炼大脑的右半球。两个半球互相配合，人就会更聪明了。

锻炼左手能够使大脑更聪明。

为什么早上读书记得最牢?

一天中,我们会做各种各样的活动,这些活动会慢慢地使大脑皮层感到疲劳,疲劳状态下的大脑常常会使记忆力减退,所以晚上读书就不容易记牢。

早上记性好,我要把这些单词全都背下来。

相反,经过一夜的休息,早上人的精力得到了恢复,注意力更为集中,大脑也处于最佳状态,这时学习最容易记牢。

早上读书会记得很牢。

为什么说脑子越用越聪明?

发达的大脑是人类思考的工具,它和小刀一样,如果经常不用就会变得钝起来。我们的大脑皮层总共约有140亿个神经细胞,一般人一生中只能用到10亿左右,还有很大的潜力可以开发。经常思考,神经细胞也会经常处于兴奋状态,保持充沛的活力,当然会越来越聪明了。

经常思考能让人更聪明!

人为什么会做梦?

白天看到、想到的事会
出现在我们的梦中。

人的大脑
由许多脑神经
细胞组成，它们分工明确：有
的控制想事情、有的控制看东
西、有的控制听声音等等。白天
人们十分忙碌，大脑的各部分神经
也会一心一意地各司其职。夜晚入睡时，脑细胞却不
会同时休息，一部
分细胞仍很兴奋，
人就会做梦，人们
白天看到、听到、
想到的事就会在梦
中出现了。

睡觉时应避免压迫心脏。

什么样的睡觉姿势好呢?

Ⓐ 右侧身的睡姿　Ⓑ 平躺的睡姿

这个问题的答案是A。仰卧入睡醒来后会感觉很累。趴着睡不仅
会压迫心脏还容易被枕头堵住口鼻，影响呼吸。左侧身也会压
迫心脏，所以右侧睡觉的姿势才是最正确的。

142

为什么有人睡觉时会咬牙？

睡觉时咬牙的毛病是由多种原因引起的，比如：学习过度疲劳或晚上看惊险电视，造成精神紧张，引起颌面部肌肉功能紊乱，睡觉时就会咬牙；因患牙周炎而刺激了面部肌肉时也会引起咬牙；肠道里有寄生虫，它们的毒素会扰乱肌肉和神经活动，也会诱发咬牙。

睡觉咬牙会磨损牙齿哦！

过度疲劳时睡觉容易咬牙。

为什么有的人会梦游？

人在夜里睡觉时突然起床，做了一些事情后又上床，可第二天自己却一点都不记得。这种现象就是梦游。梦游在五六岁的儿童中最为常见。儿童梦游大多是由于大脑还没有发育成熟，睡觉时大脑皮层还有一些孤立的兴奋区域，所以出现了梦游的现象。

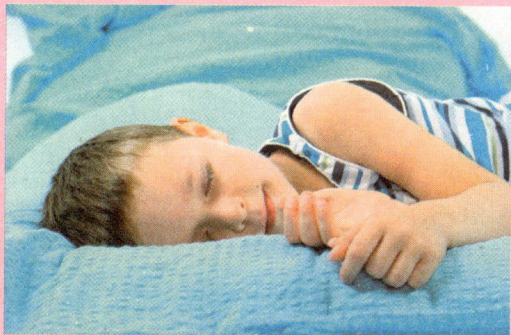

五六岁的孩子易出现梦游现象。

143

植物人是怎么回事？

植物有生命，也有新陈代谢，但没有意识和思维，医学上把那种类似植物的，有心跳、呼吸和分泌、排泄，却不能思维的人叫做植物人。在人体的神经系统中，脑神经和脊神经控制着头和四肢，植物神经则掌管着内脏器官。如果脑神经和脊神经受到损伤而植物神经系统还完好时，人就成为植物人了。

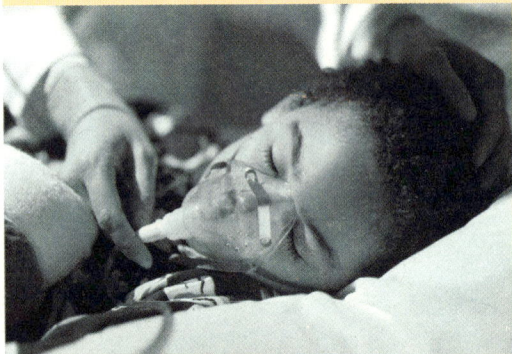

人的脑神经和脊神经受损而植物神经系统完好，就会变成植物人。

神经是什么？

脑、神经和脊髓共同组成了人体的神经系统。大脑负责接收信息、分类和储存信息以及发出指令。脊髓将神经与脑相连。神经由许多束神经纤维组成，每一根神经都由细长的神经细胞构成。神经遍布全身，构成神经网络，专门负责传递信息，与脑、脊髓共同控制身体的活动。

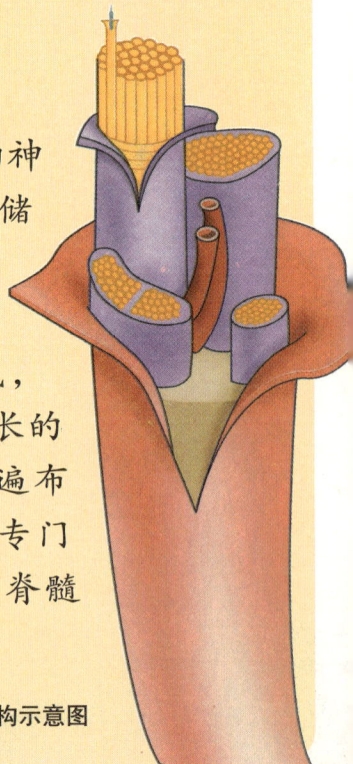

有了神经，同学们才会感到疼痛哦。

神经结构示意图

为什么冬天手和脚容易生冻疮？

冬天，室外的温度较低，手背由于常常在外面，很容易被冻着。皮肤受了冻，血管就会收缩，血液流通不畅，很容易生冻疮。脚部虽然不会裸露在外面，但要是鞋袜穿得太小太紧，影响血液流通，也会生冻疮。另外，手和脚离心脏最远，流到那里的血液少而慢，也是手脚易生冻疮的原因。

冬天在户外活动时，注意手和脚的保暖能避免生冻疮。

为什么受惊吓会心跳、出冷汗？

人在突然受到惊吓时，精神会立刻非常紧张，植物神经中的交感神经也会过度兴奋，引起血糖突然降低，释放出大量的肾上腺素。这时，心跳就会加快。同时交感神经兴奋会使汗腺分泌出更多的汗，就是人们常说的"吓出一身冷汗"。

人受到惊吓的时候会出冷汗。

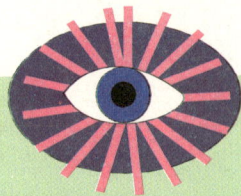

针眼是怎么回事？

平时讲究用眼卫生的话，针眼是可以避免的。

人的眼皮边上有许多腺体，这些腺体能够分泌出像油一样的东西，会润滑眼皮和眼珠。如果我们不慎用脏手揉眼睛，或是用脏手绢擦拭眼睛，把细菌带入到眼睛中，眼皮上的腺体就会发炎，长出一个小疖子来，我们眨眼时就会感到又肿又痛，这就是针眼。

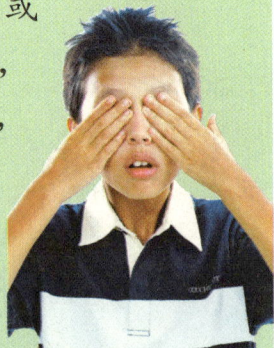

用手揉眼会让细菌跑到眼睛里。

为什么会出现夜盲症？

夜盲症是指在晚上无法看到任何东西的眼病。夜盲症分为先天性和后天性两种。先天性夜盲症是由于婴儿在母亲腹中时，视网膜上色素的上皮细胞没有正常生长，所以刚出生时便带有夜盲症。后天性夜盲症却是由于发烧、腹泻时饮食不好造成维生素缺乏而引起的。

患了夜盲症的人晚上就无法看到美丽的星空了。

为什么有的人分不清红绿灯？

人的眼睛能辨别颜色，主要是依赖视网膜上视椎细胞中的三种感光细胞，它们能对红、蓝、绿三原色产生反应，如果缺了某种感光色素，就会患色盲症。人类中最多的是红色盲和绿色盲患者。红色盲患者常常把淡红、深绿看成灰色，而绿色盲者则把一切色彩都看成灰蓝、淡黄色，当然就分不清红绿灯了。

红绿色盲症患者分不清红绿灯。

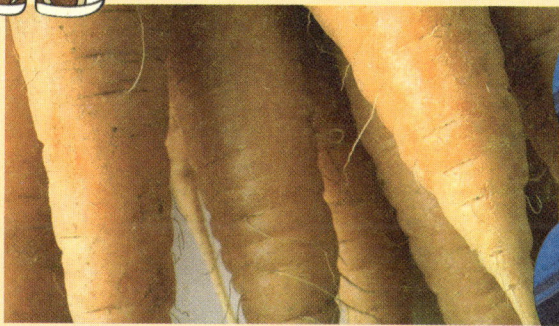

多吃胡萝卜可以预防许多眼疾。

什么是沙眼？

Ⓐ 眼中长出小疙瘩　　Ⓑ 眼睛中有了沙子

这个问题的答案是A。沙眼是由一种叫"沙眼衣原体"的细菌感染而引起的，患病的时候，眼皮上会长出一粒粒像沙子一样的小疙瘩，使人出现怕光、流泪、眼睑内翻等症状。

为什么我们能听到声音？

耳朵分为外耳、中耳和内耳三个部分。外界的声音顺着外耳道往里走，振动了鼓膜，声音会变大，中耳内的三块听小骨接收并把声音送到内耳。声波在内耳穿过耳蜗，耳蜗里毛发一样的毛细胞发生振动，这种振动把声波传给听神经，听神经报告给大脑，我们就听到声音了。

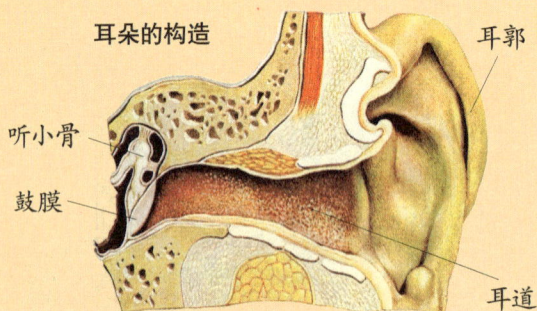

耳朵的构造

听小骨

鼓膜

耳郭

耳道

为什么转圈儿后会觉得头晕？

经过训练，转圈儿后我也不会头晕啦！

我们的耳朵里有三个被称为"半规管"的器官。半规管里充满了液体。当我们连续转圈时，半规管里的液体会跟着晃动，这时，神经系统将运动的信息传给大脑。要是人突然停止转动，半规管里的液体会因惯性而继续晃动，神经系统便继续把运动的信息传给大脑，大脑得到的是运动状态的信息，所以就会觉得头晕。

转圈后我们总会感到天晕地转。

为什么说噪音是健康的"杀手"？

噪音常常吵得人心烦意乱，让人头疼、头晕，还会引起失眠、记忆力减退，甚至使人的血压升高、心跳发生变化。

由于少年儿童还没有完全发育成熟，过多的噪音会使少年儿童失去正常的听觉、大脑发育不良。可见，安静的环境对人的健康是至关重要的。

噪音对耳朵的伤害很大。

为什么耳朵最怕冷？

血液从心脏泵出后，沿着大动脉向小动脉直至毛细血管流动，越是到毛细血管末梢里，血液越少，能量和热量也越少。耳朵里分布的是大量的毛细血管，因此，血液的热量就很少了。再者，耳朵虽然相对于身体其他部位体积小，但相对表面积却很大，所以热量很容易挥发，耳朵自然会感到冷了。

冬季将耳朵裸露在外，很容易造成冻伤。

149

第六章

STUDENTS BOOKS

奥妙的科学

AOMIAO DE KEXUE

　　远到天边的浩瀚星辰，近到我们身旁的日常事物，有很多神奇异样的现象都可以用数理化方面的科学知识来解释。20世纪以来，数学、物理、化学这些科学的影响已远远超出自身范围，各学科之间的相互渗透也不断推动着科学的进步，它们所带来的是一个无比新奇的世界，它们让你进入奥妙的科学天地，体会科学带来的无穷乐趣。

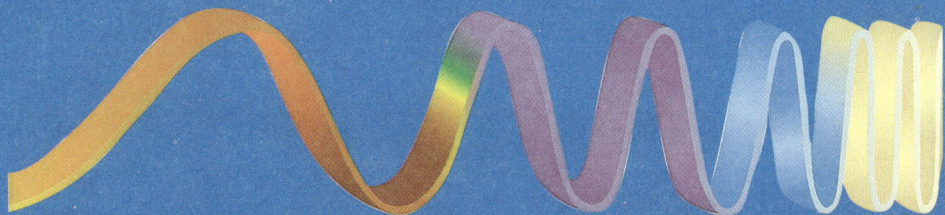

为什么欧几里德被称为"几何之父"?

古希腊数学家欧几里德生于雅典,他汇集前人成果,先提出定义、公理、公式,然后由简到繁,确定了平面图形、立体图形、整数、分数和比例的定理和公式,编写了数学巨著《几何原本》。此书具有极其重大的学术价值,奠定了几何学的基础。因此,欧几里德被称为"几何之父"。

《几何原本》影印稿

阿基米德

阿基米德为什么说自己能撬动地球?

古希腊的阿基米德最早发现了杠杆原理。由杠杆原理可知:动力×动力臂=阻力×阻力臂。利用杠杆可以用小的动力克服大的阻力。阿基米德曾说:"假如给我一个支点,我就能撬动地球!"这样的支点和杠杆现实中是找不到的,但从理论上,阿基米德是完全可能凭借杠杆原理撬动地球的。

根据杠杆原理,从理论上人可以撬动地球。

为什么称X射线为伦琴射线?

X射线是德国物理学家伦琴在实验过程中意外发现的。伦琴对这一未知的射线进行了反复实验,发现这种新射线能透过多种物质并使荧光屏发光,他将其命名为X射线。此后,X射线被广泛用于医疗,挽救了无数人的生命。为了纪念伦琴的贡献,人们把X射线称为"伦琴射线"。

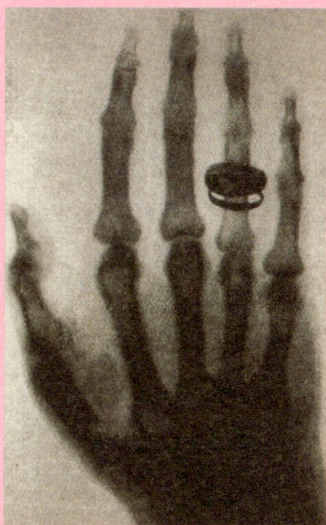

伦琴拍摄到的其妻手指骨骼的照片,这是历史上第一张X光片。

奇怪,苹果怎么不落向天空呢?

牛顿是怎样发现万有引力定律的?

A 三棱镜的提示   B 苹果落地的提示

这个问题的答案是B。1665年,英国科学家牛顿因伦敦鼠疫而停课返乡。一天,他正在后院苹果树下沉思,忽然一个苹果落在了地上。牛顿深受启发,由此总结出万有引力定律。

元素周期表是谁排列出的?

俄国化学家门捷列夫在总结前人经验的基础上，经过长期研究发现：原子量相等或相近的元素，其性质相似相近；而且，元素的性质和它们的原子量呈周期性的变化。于是，他把当时已发现的60多种元素按其原子量和性质排列成一张表，这就是我们现在所见到的元素周期表的雏形。

门捷列夫对上百种物质进行分析测定后，发现了元素间的一些规律。

居里夫妇是怎样提炼出镭的?

1896年，居里夫妇决心探索放射性物质之谜。为了提炼出放射性很强的镭，他们用廉价的铀沥青残渣作原料，并借了一间不蔽风雨的厂棚做实验室进行实验。在极为艰苦的条件下，经过4年的辛勤努力，他们终于从8吨铀沥青残渣中提炼出了1克氯化镭。

居里夫妇严谨而刻苦的工作态度是获得成功的关键。

为什么人们称卢瑟福为"原子核之父"？

英国物理学家卢瑟福于1920年预言了中子的存在，并提出了中子在原子核裂变中的作用。根据卢瑟福的这一发现，人们又发现了原子核的链式反应，并最终制成了原子弹。现代原子研究从此进入了一个全新时代，而卢瑟福也理所当然地被人们称为"原子核之父"。

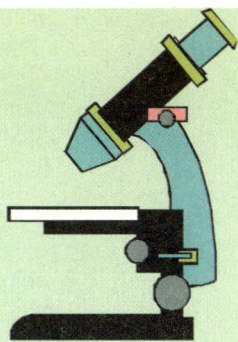

原子弹爆炸产生的蘑菇云

我猜，这一定是个数学公式！

爱因斯坦的"X+Y+Z=A"公式是什么意思？

爱因斯坦刻苦钻研的精神和独立思考的习惯使他成为一代科学巨星，两获国际最高殊荣——诺贝尔奖，被人们称为继牛顿、伽利略之后最伟大的科学巨人。爱因斯坦曾委婉地讲出了自己成功的秘诀："X+Y+Z=A"。X、Y、Z分别代表艰苦劳动、正确方法和少说空话，A则意味着成功。

爱因斯坦

为什么橡皮可以擦去铅笔的字迹呢？

日常生活中的铅笔都是由石墨做成的。我们用铅笔写字时，石墨粉末就粘附在纸上，留下了痕迹，这就是我们写出来的字。而橡皮是用橡胶做成的，它有很大的弹性，能够吸收石墨。所以，当用橡皮擦错字时，石墨粉末就被橡皮擦掉了。

> 在自然界中，稀有金属可是个大家族哦!

铅笔和橡皮是孩子们常用的学习用品。

稀有金属都很稀少吗？

金属是一个大家族，其中稀有金属就有53个成员。说稀有金属并不都很稀少，有一些稀有金属不仅不稀少，而且比常见的铜、锌、铅的含量都要多。比如铷在地壳中的含量就比铜、锌多好几倍。不过，这些金属分布不集中，人们很难找到它们，所以就称它们为"稀有金属"了。

稀有金属在现代工业中得到了广泛的应用。

金属会发出香味吗?

　　金属本身并不具有散发香气的性质,但人们对金属做了一些特殊处理后,金属就会散发香气了。人们将一些较轻而耐腐蚀的金属,比如钛,放在1200℃的高温下处理。当金属表面产生很小的气孔时,再在金属表面洒上香水,使它们渗入气孔。这样,就可以获得有香味的金属了。

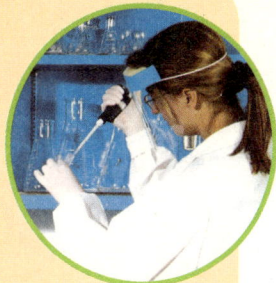

有淡淡香气的领带夹受到了人们的欢迎。

金属有记忆力是因为内部有特殊的可逆结构。

金属也有记忆力吗?

　　金属也有记忆力,比如,无论怎样弯曲镍钛合金,它都能恢复成原来的样子。原来,在一定的温度范围内,这种合金内部有一种特殊的可逆结构。当它受到外力作用时,内部的金属原子就会迁移位置,从而改变形状。而如果此时给它加热,金属原子重新获得能量,在原结构的作用下,就会恢复成原来的形状。

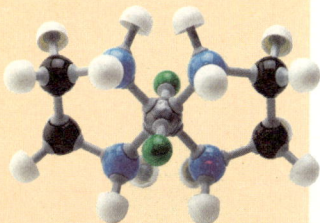

金属的记忆力可以让金属在弯曲之后恢复原状。

焰火为什么是五颜六色的呢?

焰火里有神奇的发光剂和发色剂。发光剂是铝粉或镁粉,它们猛烈燃烧时,射出耀眼的白炽光芒。发色剂是金属盐类,它们在高温下,会放射出彩色的光芒。比如,硫酸铜会发出蓝光,硝酸钡会发出绿光。因此,焰火爆破时,发光剂和发色剂充分燃烧,焰火就放出缤纷绚丽的光芒了。

哇,焰火的颜色好漂亮啊!

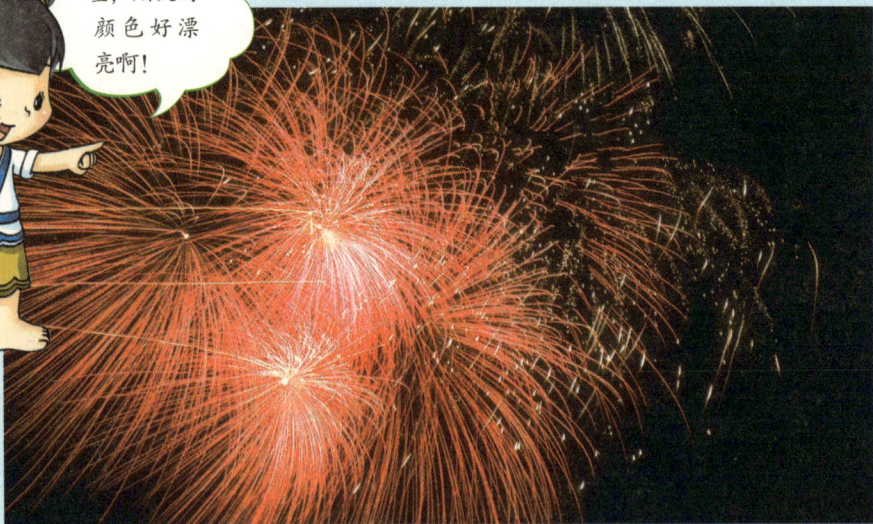

色彩缤纷的焰火

苹果放得太久会变色。

为什么削好的苹果容易变色呢?

A 与氧气发生了反应　　**B** 粘附了空气中的细菌

这个问题的答案是A。苹果的果肉中含有一种化合物——酚。这种化合物会与空气中的氧气发生氧化反应,变成黄色。因此,苹果被削皮后,就会变成黄色的了。

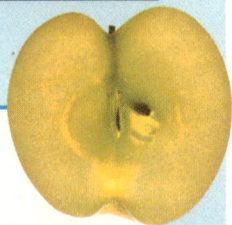

松花蛋的蛋黄为什么是青黑色的呢?

鸡蛋中富含大量的蛋白质,同时,蛋黄中还含有铁、铜、锰、锌等矿物质。在制作松花蛋的过程中,蛋白质会分解成氨基酸,并释放出硫化氢气体。接着,硫化氢与蛋黄中的矿物质发生发应,生成硫化物。硫化物附着在蛋黄上,使蛋黄变成了青黑色。

松花蛋

银器真的可以验毒吗?

现在的科学实验表明,像砒霜、农药、蛇毒等,都不能与银发生化学反应。也就是说,银没有验毒的本领。但不能否认的是,古代的砒霜确实可以使银器发黑,那是因为古人制砒霜的技术不高,提炼得不纯,使砒霜中含有硫,而银与硫或硫化氢接触,就会生成黑色的硫化银了。

古时的银筷子

在古代,人们常用银器来检验食品中是否有毒。

图书在版编目（CIP）数据

中国青少年最想知道的十万个为什么：全2册 ／ 龚勋编著．－北京：人民武警出版社，2012.5

（中国青少年枕边书）

ISBN 978-7-80176-767-7

Ⅰ．①中… Ⅱ．①龚… Ⅲ．①科学知识－青年读物②科学知识－少年读物 Ⅳ．①Z228.2

中国版本图书馆CIP数据核字（2012）第088631号

中国青少年最想知道的十万个为什么（自然科学卷）

主编： 龚勋

出版发行： 人民武警出版社

　　社址：（100089）北京市西三环北路1号

　　发行部电话：010-68795350

经销： 新华书店

印制： 北京楠萍印刷有限公司

开本： 787×1092　1/16

字数： 150千字

印张： 10

版次： 2012年5月第1版

印次： 2012年5月第1次印刷

书号： ISBN 978-7-80176-767-7

定价： 59.80元（全两册）